「覚える」と「わかる」

知の仕組みとその可能性

信原幸弘 Nobuhara Yukihiro

★――ちくまプリマー新書
417

目次 * Contents

はじめに

この本では、人間の知能がどのようなものかを考える。そしてそれがどのように使用されているかを見ていく。そのため、この「はじめに」では、人間の知能をめぐる現代の状況をごく簡単に確認しておきたい。

人間は脆弱《ぜいじゃく》な動物である。それにもかかわらず、地球上でこれほどの繁栄を成し遂げることができたのは、何といってもその知能の高さゆえであろう。人間は他の動物と比べて、ケタ違いに高い知能をもつ。この並外れた知能のゆえに、人間は地球を支配し、百獣の王として君臨している。

しかし、その一方で、知能によるマイナスの側面も出てきている。大きな話で言えば、人間の旺盛な知的活動が、巨大な産業を産み、地球温暖化という危機的な状況を生み出している。人間はその過激な活動によって、地球と人間自身を未曾有の危機に陥れているとも言えるのだ。

また、ロシアがウクライナに侵攻するという悲劇も起こっている。このような戦争による悲劇は二〇世紀で終わりを告げ、二一世紀にはもう生じないのかと思いきや、相変わらず人間は独断的な正義と不条理な闘争を止めることができない。科学的な知性は果てしなく進化していくが、社会的な知性はほとんど進化しないようだ。

少し、身近なところに目を向けても、SNSで誰とでも簡単にコミュニケーションができるようになってとても便利になったが、その半面、悪質な誹謗中傷《ひぼうちゆうしよう》やフェイクニュースが後を絶たない。知能の輝かしい成果にみえたものも、その裏側には暗い一面がある。

人間はその卓越した知能のゆえに、つぎつぎと新しい世界を切り開いてきたが、その世界を実り豊かで生き甲斐《がい》のあるものにするためには、知能をどう使えばよいのだろうか。知能は善にも、悪にも用いられる。善い目的で開発された科学技術が悪い目的にも使用されうるという問題が、科学技術の開発において重要な懸念事項となっている。悪用を避けて、善用に徹するには、どうすればよいであろうか。そのためには、ただ科学技術を発展させるのではなく、私たちの倫理や社会への影響を考慮に入れて、科学技術を発展させることが求められるだろう。

人間の知能を善い目的のために使うには、人間の知能がどんなあり方をしているのかを、まずはよく知る必要があろう。「知の知」、すなわち自分の知のあり方を知ることが、自分の知を善く用いる基本となる。ソクラテスは「無知の知」を唱え、自分が無知であることを謙虚に自覚せよと言うが、これも自分の知のあり方（無知というあり方）を知ることであり、「知の知」の一種だと言えよう。

人間の知能の働きは多岐にわたる。科学技術の開発のような専門的な領域だけではなく、日常のごくありふれた活動においても、知能が働いている。昨日の食事を思い出すときにも、想起という知能が働き、勉強しているときにも、記憶や理解という知能が働く。意識的であれ、無意識的であれ、心の働きが関わる活動は、広い意味ですべて知能の働きと言ってよいだろう。歩行や水泳のような単純な運動ですら、状況に応じて動作を微妙に調整する必要があり、たんなる筋肉運動ではなく、知能の働きだと考えられよう。

人間はまた、その多岐にわたる知能の働きによって、新たな知能の働きを可能にする道具を作り出し、それによってさらに知能の働きの幅を広げてきた。言語、文字、印刷、図面、ラジオ、テレビなど、人類が発明した知的道具は枚挙に暇がない。人類の発展は知的道具の発明の歴史だと言ってもよいかもしれない。

現代ではさらに、コンピュータという知的機械が登場し、情報化時代とよばれる新たな知的活動の時代が到来している。コンピュータは人間の知的活動を一新するだけでなく、人間の知能を超える人工知能（ＡＩ）をさえ誕生させようとしている。二〇四五年に人工知能が人間の知能を超えるという「シンギュラリティ」の到来を唱える論者すらいる。そうなれば、私たち人間はいったいどうなるのだろうか。それは想像もつかない。私たちはいま、このような知的活動の激動時代を迎えているのである。

本書では、こうした時代状況をまえにして、私たちが自分の知能をどう活用していけばよいかを考えるために、そもそも人間の知能がどんな働きをしているのかを多面的に見ていきたい。そのために、まず「覚える」と「わかる」という言葉を手がかりにして、人間の知能の基本的な働きを見ていく。第一章では、「覚える」という働きを取りあげ、たとえば、身体で覚えることや感覚を覚えることなどを見ていく。第二章では、「わかる」という働きを取りあげ、たとえば、意味がわかることや数式の操作によってわかることなどを見ていく。

つぎに、第三章では、状況に応じて臨機応変に対処する知能の働きを見る。事前に計画を立てることも大事だが、その場の状況に応じて柔軟に対処する能力も重要である。第四章では、知的徳と批判的思考という人間に特有の知のあり方を見る。正しい知識を獲得し、フェイクニュースに騙《だま》されないためには、これらの知の働きが必要である。最後に第五章では、コンピュータのような知的機械の発展によって人間の知がどう変わるかを見ていく。「マインドリーディング」、「ヴァーチャルリアリティ」、「メタバース」などによって人間の知は根本的に変容し、知的機械との一体化によって私たちの「心の拡張」も起こる。

このように、人間の知能の基本的な働きから知的機械を用いた高度な働きに至るまで、人間の知能の大まかな全体像を展望していく。このような展望が今後の私たちの知能をどう活用していくかを考察するためにおおいに役立つだろう。

第一章　覚える

1　丸暗記

漢文素読

中学や高校の勉強では、ずいぶん暗記をさせられた。歴史の年代や英単語、化学の元素記号など、暗記しなければならないものは、山ほどあった。正直言って、暗記は好きではなかった。数学の問題を解くほうが、よほど楽しかった。暗記は、さして意味もわからずに、ただ繰り返し覚えるだけだから、そう楽しいものであるはずがない。どうしてこんなにもたくさん暗記しなければならないのか。そう思うことがたびたびあった。

意味もわからずに、ただ暗記しても、しようがないだろうと思われがちだが、じっさいは、結構、暗記は役に立つ。中学のときの世界史で、中国の歴史を習うとき、まず、最初に歴代王朝の名称を丸暗記させられた。殷《いん》、周、秦、漢、随、唐、……。それぞれの王朝がいつごろなのか、どんな時代だったのか、いっさい知らずに、ただただ覚えた。そんなことをして何になるのだろうと思ったが、王朝の名称と時代順が頭に入っていると、そのあと学んだ具体的な事象を整理し、一望するのにすごく役に立った。中国の壮大な歴史の全貌を頭のなかで一挙に思い浮かべてみるのは、なかなか爽快なものである。何十年もまえのことなので、もうはっきりとは王朝名を思い出せないが、あのときの爽快感だけは、いまも明瞭に残っている。

　日本人初のノーベル賞（物理学賞）の受賞者の湯《ゆ》川《かわ》秀樹《ひでき》も、幼いころから漢文の素読を祖父にやらされたそうである。漢文の素読とは、意味がわからないまま、ただ漢文を声に出して読むことである。たとえば、「北の冥《うみ》に魚あり。其《そ》の名を鯤《こん》と為《い》う。鯤の大いさ、その幾千里なるを知らず。化して鳥と為《な》るとき、其の名を鵬《ほう》と為う。……」（『荘子』）と声に出して読む。意味もわからずに、ただただ読む。それは湯川少年にとってなかなかつらいことであったようだが、その後、大人の書物を読み始めるときに、おおいに役に立ったそうだ。漢字への慣れにより、文字への抵抗がまったくなかったのである。

このことに関連して、「単純提示効果」という面白い現象がある。同じものに何度も接していると、それを好ましく感じるようになるという現象だ。意味のわからないもの、たとえば無意味な綴《つづ》り（kmwjtx のようなもの）でさえ、とにかく何度も接していると、好感度が増してくる。人間は馴染《なじ》みのないものには不安を抱き、慣れ親しんだものには安心感を抱く傾向がある。広告を繰り返すのも、この人間の心理を利用している。

お坊さんになる人はよく経典の暗誦《あんしょう》を行う。「……色即是空　空即是色　受想行識亦復《やくぶ》如是……」（『般若心経』）。漢文を書き下すこともなく、じかに音読みする。もちろん、意味はわからない。それでも、ひたすら繰り返し読み、おのずと暗誦していく。このような一見、無意味にみえることが、あとで経典の内容を学ぶうえで、すこぶる役に立つ。全文が頭に入っていることで、各部分の理解が容易になるのだ。

これと似たようなことは、私の専門の哲学でも起こる。哲学を勉強しはじめたころ、哲学の本は難解なので、なかなか最初から順に理解していくことができなかった。理解しがたい箇所にぶつかると、とりあえずそれを読み飛ばしてつぎへ進んでいくしかない。そうすると、そのつぎの部分の理解が十分でなくなる。それでも、仕方ないから不十分な理解のまま、さらにさきへ読み進めていく。すると、またしても理解しがたい箇所にぶつかる。このようなことを繰り返していると、そのうちほとんど意味がわからなくなり、もう読み進めることができなくなる。こうして途中で挫折する。しかし、挫折したままでは、哲学書全体の理解は叶《かな》わぬ夢になってしまう。

大事なことは、理解しようなどと思わずに、とにかく全文を読みきることだ。なまじ理解しようと思うから、理解できなくなると、挫折する。最初から理解を求めなければ、最後まで読みきることができる。意味がわからなくても、文字面だけでも結構楽しいものがある。それを頼りにとにかく読む。そして繰り返し読む。もちろん、そうしたところで、わからない箇所が多すぎるから、「読書百遍意自ずから通ず」というわけにはいかない。それでも暗記するくらい繰り返し読んでおけば、そのあと必死の理解を試みることで、何とか理解できるようになってくる。理解できないまま全文を読みきることが理解に至る必須の条件なのである。

それにたいして、数学はひとつずつ順に理解していける。いやむしろ、そうやって理解を積み上げていかないと、全体が理解できない。このような場合には、意味もわからずに全体を暗記する必要はない。しかし、哲学のように、順に理解していくことができないものもある。各部分がわかって全体がわかるのではなく、全体がわかってはじめて各部分がわかる。このような場合は、意味もわからずに全体を暗記するくらい、何度も全体に接する必要がある。それが理解に向けての出発点なのだ。意味を気にせず、とにかく声を出して読む。文字を絵画のように楽しみ、音を音楽のように楽しむ。これが理解へと至る要諦なのである。

ネット検索

しかし、いまの時代、そう頑張って暗記しなくても、ネットで検索すれば、必要な情報はすぐ手に入る。中国の歴代王朝も、漢文や経典のテキストも、哲学の古典も、検索すれば、直ちに閲覧できる。わざわざ図書館に行く必要はないし、本屋を探し回る必要もない。情報がすぐ手に入るのであれば、それはいわば暗記しているのと同じではないか。理解を伴わない暗記は、情報をただ脳のなかに貯《た》めこんでいるだけだ。脳のなかでなくても、すぐ取り出せるなら、ネットやパソコンのなかでもよいのではないか。こういった意見もよく耳にする。

たしかに、いまのネット全盛の時代になって、暗記の価値は下がった。このことは認めざるをえないだろう。文字が発明されて、情報が文書として記録できるようになると、暗記の価値は大きく下がったが、ネットですぐ検索できるようになると、暗記の価値はさらに下がったと言わざるをえない。しかし、それでも、暗記にはまだまだ重要な価値が残されている。ネット検索ですぐ情報が手に入るといっても、暗記した情報を思い出すのに比べれば、かなり時間がかかる。瞬時に思い出せる心地よさに比べて、ネット検索はまどろっこしい。余計な広告が表示されるから、なおさらだ。

しかも、ネット検索では、理解に至る助けにならない。情報がネットやパソコンにあるだけでは、たとえそれがすぐ引き出せるとしても、情報はただそのまま蓄えられているだけで、何の変容も生じない。しかし、暗記していれば、理解していなくても、情報は無意識のうちにいわば「整理」されていく。具体的にどのようなことが起こっているかはまだよくわからないが、暗記した情報のあいだに何らかのつながりが生まれてくる。たとえば、同じ言葉が異なる情報に含まれていれば、それによってその異なる情報のあいだにつながりができてくる。このように情報が「整理」されると、それがのちの理解の助けになるのである。

かりに脳を直接、ネットに接続できるようになれば、キーボードを操作したりすることなく、瞬時に検索できるようになろう。中国の歴代王朝は何だったかと思っただけで、歴代王朝が頭に浮かぶ。それは暗記した歴代王朝を思い出すのと何ら変わらない。脳科学と人工知能研究では、キーボードを介さずに脳とコンピュータを直接つなぐ研究がじっさいに進められている。これをＢＭＩ（ブレイン・マシン・インターフェース）とよぶ。この研究が進展すれば、いずれ暗記したことを思い出すのと同じような仕方で、コンピュータのメモリに蓄えられた情報をすぐ取り出せるようになるだろう。

しかし、そうなっても、コンピュータのなかの情報はただ蓄えられているだけで、暗記した情報のように、時とともに「整理」されはしない。「整理」されるためには、情報を蓄えたチップを脳内に埋めこまなければならないだろう。そうすれば、チップ内の情報どうしや、チップ内の情報と脳内の情報とのあいだに何らかのつながりが生まれてくるだろう。そうなれば、チップ内の情報は「整理」され、暗記した情報と同じように、理解に至る助けとなろう。

ただし、脳内に情報チップを埋めこむことには、倫理的な懸念がある。膨大な情報をいわば暗記できるからといって、健常者に情報チップを埋めこんでもよいのだろうか。それは脳（それゆえ心）に取り返しのつかない損傷を与えることになるかもしれない。深刻な記憶障害のある患者にたいしてなら、ひとつの治療法として情報チップを埋めこむことも許されるかもしれないが、健常者にそのような危険なことを行うのはいかがなものであろうか。

このような倫理的懸念はあるものの、情報チップの研究は進められており、いずれ倫理的な懸念も克服されて、脳に情報チップを埋めこむ時代がやってくるかもしれない。そうなれば、ようやく私たちは暗記の苦役から解放されることになろう。『ドラえもん』に「アンキパン」が出てくるが、これはノートや本のページに食パンを押しつけて、その内容を写しとり、それを食べると、書かれた内容を暗記できるという便利な小道具だ。この小道具のように、情報チップを脳に埋めこめば、その情報を覚えられるという夢のような時代がやってくるかもしれない。もっとも、暗記が趣味の人にとっては、暗記の価値がほとんどなくなって、いささか寂しい時代になるかもしれないが。

このような夢の時代がやってくるのは、まだもっと先のことである。技術の進歩が著しい昨今にあっては、何百年も先のことではないかもしれないが、少なくとも数十年は先であろう。それまでは、やはり暗記をせざるをえない。電卓が普及するまえは、筆算やそろばんで計算をせざるをえなかったが、それと同じように、情報チップの埋めこみが可能になるまでは、暗記は不可欠であろう。暗記の苦役は続くが、暗記の喜びを見つけることも可能だ。円周率の小数展開を何万ケタまで覚えている人がいるが、膨大な数の並びを一挙に脳裏に思い浮かべることができるのは、さぞ爽快なことであろう。嬉々《きき》として暗記できるようになれば、それは人生の潤いのひとつとなる。

2　身体でも知る

身体知

頭で覚えるというより、身体で覚える知識がある。大工は巧みに金槌《かなづち》でクギを打つが、金槌の打ち方を頭で知っているわけではない。金槌でクギを打とうとすれば、おのずと手が動き、うまく金槌がクギに当たる。頭ではなく「手が知っている」のだ。

もちろん、手が知っているといっても、脳が何の役割も果たしていないというわけではない。脳の働きがなければ、当然、手は動かないし、金槌も動かない。しかし、手の動かし方にかんして、脳から手に一方的に指令が送られ、手はただその指令に従って動くだけというわけではない。脳と手のあいだには、双方向的な信号のやりとりがある。手はみずからその筋肉のあり方に従って動き、その動きが神経信号として脳に伝えられる。脳はその信号にもとづいて手の動きをどう調整するかを決め、その調整信号を手に送る。手はそれにもとづいて動きを調整し、その新たな動きをふたたび脳に伝える。このような双方向的なやりとりを繰り返すことによって、金槌でクギを打つときの手の巧みな動きが可能になる。

手はみずからその筋肉のあり方に従って動こうとする。けっして脳の指令どおりにただ動くのではない。これが肝心な点だ。金槌でクギの打ち方を覚えるとき、手にはクギを打つのにふさわしいような筋肉がついてくる。そのような筋肉があってはじめて、うまく打てるようになる。もちろん、手と脳のあいだの適切な信号のやりとりも不可欠であり、クギの打ち方を覚えるときに、そのやりとりも習得される。しかし、それだけではなく、クギを打つのにふさわしい筋肉もついてくるのだ。この筋肉のあり方が金槌でクギを打つという知識の不可欠な要素である。手が知っているというのは、手がしかるべき筋肉のあり方をしているということだ。「知る」ということは、頭だけで行われるのではなく、身体でも行われるのである。

このクギ打ちの例のように、身体で覚えるには、身体をつくらなければならない。泳げるようになるためには、泳ぐという動作にふさわしい身体をつくる必要がある。手足にしかるべき筋肉をつけることはもちろんだが、それだけではなく、関節の柔軟性や引き締まった体形も重要だ。泳ぐ練習をするということは、そのような身体をつくるということでもある。もちろん、そうはいっても、身体と脳のあいだの適切な信号のやりとりを習得することも、やはり不可欠である。いくら身体ができても、信号のやりとりがうまくできなければ、泳ぐことはできない。しかし、逆に、信号のやりとりがうまくできても、泳ぐのにふさわしい身体をつくらなければ、泳ぐことはできないのである。

下手な練習は、しないほうがよいと言う。どうしてであろうか。下手な練習をすると、身体に悪い癖がつく。上手な練習をして、良い動きを繰り返せば、良い身体ができあがる。だが、下手な練習をして、悪い動きを繰り返すと、その動きに合った良くない身体ができあがる。もちろん、そのときには、身体と脳のあいだの信号のやりとりも良くないものとなる。つまり、下手な練習をすると、脳と身体に悪い癖がつくのだ。

テニスやゴルフなどを習うときは、我流ではなく、ちゃんとしたコーチについたほうがよい。自分ひとりで練習していると、身体に悪い癖がついてしまう恐れがある。どれほど一所懸命練習しても、いやむしろ一所懸命やればやるほど、悪い癖がつく可能性が高まる。

いったん悪い癖がついてしまうと、そこから脱するのは並大抵のことではない。なにしろ身体が変形してしまったのだから、それを元に戻さなければならない（ただし、その変形は目に見えるものでないことも多い）。この変形を元に戻すためには、少なくとも身体が変形するのに要したのと同じだけの時間と労力が必要となろう。悪い癖がついてしまってから良いコーチについても、それはゼロからの出発ではなく、マイナスからのスタートとなる。悪い癖のついた身体を元に戻すことから始めなければならないからである。

身体で覚えるのは、身体そのものを作らなければならないから、非常にたいへんだ。いわゆる座学は、先生の話を聞いて頭で覚えるだけだから、身体を使う必要はほとんどない。しかし、実習や演習になると、身体で覚えることが中心になる。慎重に正しい手順で身体の訓練を行うことが、実習や演習では何よりも重要となるのである。

知覚／感覚を磨く

身体で覚えるものはたくさんあるが、知覚や感覚もそのひとつである。知覚や感覚はひょっとすると、私たちに生まれつき備わった能力だと思われているかもしれない。たとえば、オギャーと泣いて生まれた瞬間から、眼をあければ、人の顔や部屋の天井が見えるし、いろいろな足音や話し声が聞こえるように思われるかもしれない。それらがいったい何なのか、どんな意味をもつのかはわからないとしても、顔は顔に見えるし、足音は足音に聞こえる。知覚される世界、感覚される世界は、赤ん坊でも大人とたいして変わらない。こう思われるかもしれない。しかし、じっさいはそんなことはないのだ。

知覚や感覚もまた、私たちが世界から刺激を受け、それに応じて身体を動かすという経験を積んでいくなかで、次第に習得されるものである。そのような世界との交わりの経験がなければ、世界はただの混沌《こんとん》として立ち現れるだけで、顔、天井、足音、話し声などに明確に区別されて立ち現れることはない。それぞれの事物が互いに明確に区別されることを「分節化」と言うが、身体による世界との交わりがなければ、世界は分節化されて立ち現れてこないのである。

モリヌークス問題という興味深い問題がある。これは、生まれつき眼の見えない人が開眼手術を受けて眼が見えるようになったとき、その人は立方体と球を眼で見ただけで、どちらがどちらであるかを正しく言い当てることができるだろうか、というものである。この人はもちろん、触覚によって「立方体」と「球」という言葉を習得したので、手で触れれば、どちらが立方体で、どちらが球かを正しく述べることができる。しかし、手で触れずに、眼で見るだけで、どちらがどちらなのかを正しく言い当てることができるだろうか。

パッと聞くと変な問いに感じられるかもしれないが、この問題は人の知覚の成り立ちを考えるうえで、とても重要な視点を与えてくれる。なぜなら、この問題の背後には、ひとつの重大な前提があるからだ。それは、開眼手術を受けた人がはじめて眼を開いて立方体と球を見たとき、立方体はすでに立方体に見え、球はすでに球に見えるという前提である。

この前提のもとでは、モリヌークス問題への答えは「ノー」であるように思われる。なぜなら、立方体が立方体に見え、球が球に見えても、その立方体と球の視覚的な現れ（見え姿）はそれらの触覚的な現れ（手触り）とは明らかに異なるので、どちらが立方体で、どちらが球かを、触覚によって正しく述べることができても、視覚によって正しく述べることはできないように思われるからである。

しかし、じっさいは、その前提が成り立たない。開眼手術を受けた人が眼を開いても、すぐには何も見えないのである。眼のまえに広がるのはまったくの混沌である。ふつうの人でも強烈な光を浴びると、まぶしくて、ほとんど何も見えなくなる。それと似て、開眼手術を受けた人の場合も、最初は光の渦が眼前に広がるだけである。そこから時がたつと、やがて立方体が立方体に見え、球が球に見えるようになる。しかし、そのためには、立方体や球から光の刺激を受け、それに応じて身体（頭や眼球など）を動かすという経験を積まなければならない。そのような経験のなかには、身体の動きを触覚的に感受することも含まれている。つまり、立方体と球の視覚経験のなかには、触覚経験が入りこんでいるのである。

そのため、立方体が立方体に見え、球が球に見えるようになったときには、立方体と球の視覚的な現れから、どちらが立方体で、どちらが球かを言い当てることができるかもしれない。なぜなら、それらの視覚経験に入りこんだ触覚経験が、立方体と球の触覚的な現れと何らかのつながりがあるかもしれないからである。このようなつながりがあれば、立方体と球の視覚的な現れをそれらの触覚的な現れと関係づけることができるかもしれず、そうなると、視覚的な現れから、どちらが立方体で、どちらが球かを言い当てることができるようになるだろう。

モリヌークス問題は、すぐ決着がつきそうにみえて、なかなか決着がつかない。それは、開眼手術を受けても、すぐには事物が見えないからである。事物が見えるようになるには、刺激に応じて身体を動かすという経験（触覚経験を含む経験）の積み重ねが必要である。ここでは、モリヌークス問題への答えがどうなるかにはこだわらないで、この点を指摘するにとどめたい。

この点はまた、上下逆さメガネを掛け続けたときに起こる感覚の変容からもよく示される。上下逆さメガネを掛けると、すべてのものが文字どおり上下逆さに見える。天井は下に見え、床は上に見える。このように視覚が大きく変化するので、すぐにはそれまでのように自由に動くことができない。それでもそのメガネをかけたまま、ともかく身体をいろいろ動かすという経験を積んでいくと、一週間ほどで、もとのように自由に動けるようになる。そしてそのときには、何と上下逆さまではなく、すべてが正立して見えるようになる。自由に動けることと正立して見えることは同時に成立するのである。

こうした視覚の変化が生じる途中の過程で、じつに興味深い現象が起こる。逆さから正立への変化は一瞬で切り替わるわけではない。そのあいだに、あるものは逆さに、あるものは正立して見えたり、さらに物事がもっと解体して混沌に近い状態に見えたりする段階がある。そのような恐ろしい無秩序の段階を経て、ようやくすべてが正立して見える秩序だった段階が訪れるのである。しかし、そうなっても、安心するのはまだ早い。逆さメガネを外すと、またすべてが逆さに見える。メガネを着けないもとの生活に戻るには、もう一度、あの恐ろしい無秩序の段階をくぐりぬけなくてはならないのだ。

感覚‐運動スキルの習得

エナクティヴィズムという考え方がある。それは、事物が事物として知覚できるようになるためには、身体を動かして事物からうまく刺激を探り出すことが必要だという考え方である。机が机に見え、雨音が雨音に聞こえるという分節化された知覚が成立するためには、それらの事物から受ける刺激に応じて身体（とくに眼や耳などの感覚器官）を適切に動かして、それらの事物から新たな刺激を探り出し、その新たな刺激に応じてまた身体を適切に動かすということを繰り返していく必要がある。

このような「刺激の探り出し」を適切に行う能力は「感覚‐運動スキル」とよばれる。私たちは事物との交わりを通じてこの感覚‐運動スキルを習得する。そしてこのスキルを用いて事物から刺激を適切に探り出すことによって、分節化された知覚を得るのである。何が描かれているのかがよくわからない図をしばらくあれこれ眺めていると、パッとあるもの（たとえば、髭《ひげ》をはやした男）が見えてくることがある。そしていったんそれが見えるようになると、つぎはすぐそれを見ることができる。しばらく眺めているあいだに、それを見るための感覚-運動スキルを習得したのである。

ソムリエや指揮者は常人には想像もできないような繊細な味覚や音感をもっている。ソムリエはワインの味を、そのワインの産地や何年ものかなど、驚くべき詳細さと正確さで識別できる。交響曲の指揮者も、膨大な数の音の響き合いのなかから、それぞれの音を正確に聞き分けることができる。この人たちのほかにも、たとえば、天文学者は夜空に超新星を見ることができるし、医師はレントゲン写真に病巣を見ることができる。このような驚嘆すべき知覚能力も、長年の経験によって培われた感覚-運動スキルによって可能になるのである。

3 「まなぶ」と「まねぶ」

猿まねとミラーニューロン

「まなぶ」ことは「まねぶ」ことだ。じっさい、このふたつの言葉は語源が同じだ。学ぶことは多くの場合、まねることから始まる。意味もわからずに、ただひたすら師匠の所作をまねる。どの動きが重要で、どの動きが関係ないかもわからずに、ただただ同じ動きをする。それはときに「猿まね」と言われてバカにされる。茶道の先生が茶碗を回すと、生徒は同じように茶碗を回すが、先生がふと手を頭にやると、同じように手を頭にやる。それは思わず吹き出してしまうほど、滑稽でさえある。しかし、学ぶことは多くの場合、このような滑稽ですらある猿まねから始まらざるをえないのである。

たしかに猿まねをしないで、所作を習得することが可能な場合もある。ひとつの所作が誰にでも可能ないくつかの要素に分解できるなら、それらの要素を順に実行することで、その所作を行うことができる。「花」という漢字を書くことは、どの画をどの順に書くかを知れば、この字を書くことができるようになる。先生がこの字を書くのを見て、それを猿まねする必要はない。

しかし、私たちが学ぶ多くの所作は、このような要素への分解を許さない。逆上がり、包丁での皮むき、テニスでのボールの打ち方など、多くの所作は、要素的な動きの組み合わせになっておらず、見よう見まねで学んでいくしかない。もちろん、そのような所作もいくつかの部分的な動きに分けることは可能であるが、これらの部分的な動きはその所作を行うたびに微妙に異なり、まったく同じというわけではない。自転車に乗ることは、サドルにまたがる、ペダルを踏む、左右のバランスをとるなど、いくつかの部分に分けられるが、それらはいつ自転車に乗ってもまったく同じというわけではない。乗るたびに微妙に異なる。同じ要素を組み合わせさえすれば、自転車に乗ることができるようになるというわけではないのである。

このように要素に分解できない所作は、全体を猿まねして習得するしかない。それはたいへん困難な作業であるが、それをやらざるをえない。学習の第一歩として、とにかく模倣は非常に重要である。動物にも模倣の能力があるが、人間はとくにこの能力に長《た》けている。人はやたらと物まねをしようとする。遊ぶときでさえ、物まねをすることがある。

模倣に関連して、一九九〇年代の初めに、興味深いニューロンが発見された。「ミラーニューロン」だ。それはマカクザルの脳のF5野という部位から、J・リゾラッティらの研究グループが発見したものである（その後、人間の脳にも、サルのF5野に相当する部位に、このニューロンがあることが確認されている）。ミラーニューロンは、たとえば、サルが食べ物をつかむときに活性化するだけでなく、実験者がその同じ行動をするのをサルが見たときにも活性化する。これは、実験者が食べ物をつかむのをサルが見たとき、サルは潜在的に（つまり頭のなかで）その同じ行動をすることを意味する。

もちろん、このミラーニューロンは動作の模倣を可能にして、その動作を行う能力を獲得させるものではない。サルはみずから食べ物をつかむことができるからこそ、実験者が食べ物をつかむのを見るとき、ミラーニューロンが活性化して、潜在的に食べ物をつかむという動作ができるのである。

したがって、これまで自分でできなかった動作がミラーニューロンによってすぐ模倣できるようになるというわけではない。もしそうであれば、どんな動作もミラーニューロンによって立ちどころに模倣できることになろう。しかし、そう簡単にはいかない。やはり、模倣できるようになるには、何度も試行錯誤を重ね、反復練習をせざるをえない。

それでも、ミラーニューロンは模倣ができるようになるのに一役買っているかもしれないと考えられよう。サルが自分ではまだ食べ物をつかむことができないときでも、実験者が食べ物をつかむのを見れば、ミラーニューロンが活性化して、それによって潜在的に食べ物をつかもうとするだろう。もちろん、すぐにはその行動を模倣できないが、それでもとにかくそうしようと試みる。しかも、この場合は、たんに潜在的に食べ物をつかもうとするだけではなく、むしろ顕在的に、つまりじっさいに手を動かして食べ物をつかもうとするだろう。ミラーニューロンの活性化はこのような顕在的な試行錯誤の学習を引き起こし、この学習を経て、サルはやがてその行動を模倣できるようになる。ミラーニューロンはこのように模倣の学習を促すという重要な役割を担っているかもしれないのである。

強化学習——報酬と罰

話を戻すと、きちんとまねができるようになるには、とにかく試行錯誤を重ねるしかない。しかし、やみくもに試行錯誤を重ねるだけでは、まねの習得ですらおぼつかない。師匠の技を見てそのまねをしようとするとき、それがうまくいったかどうかもわからずに、ただまねっぽいことを繰り返すだけでは、おそらくまねの習得は不可能であろう。まねができるようになるには、試しにやってみたことがうまくいったかどうかがわからなければならない。それがわかれば、うまくいったときのまねは強化され、そうでないまねは抑制されて、やがてきちんとまねができるようになる。

では、試しにやってみたまねがうまくいったかどうかは、どのようにしてわかるのだろうか。じっさいにまねをしてみたとき、うまくいけば、何となく快い感じがし、そうでないときは、ぎこちなく不快な感じがすることがある。このように快／不快が生じる場合は、それが良し悪しを示す信号になる。この信号にもとづいて、快く感じるまねは強化され、不快に感じるまねは抑制される。

しかし、試しにやってみたときに快／不快の感じがまったく生じない場合もある。たとえば、体育の先生のまねをして逆上がりの練習をしているとき、うまくいくかどうかにかかわらず、心地よいとも、心地悪いとも感じないとしよう。このような場合は、先生に良し悪しの判断をしてもらうしかない。つまり、うまくいったときは、先生が誉め、そうでないときは、注意する。このような外からの指摘にもとづいて、称賛されたまねは強化され、叱責されたまねは抑制される。

このように試しにやってみたことにたいする良し悪しの信号や指摘があれば、ふつうまねの学習はよく進む。しかし、そのような信号や指摘があっても、まねの学習が容易に進まない場合もある。それは多くの部分からなる複雑な技をまねようとする場合である。このような技をまねようとすれば、当然、そのまねも多くの部分からなる。したがって、全体としてうまくいかなかったことがわかっても、どの部分が悪かったのかがよくわからないことがある。そうすると、ただやみくもにどこかの部分を変更して、新たなまねを試みるよりほかなくなる。そうなると、悪い部分はそのままで、良い部分が変更されるということにもなりかねない。こうなってくると、学習がなかなか進まないことは、容易にわかるだろう。

たとえば、テニスの練習の場面を想像してみよう。いま、ラケットでボールを打つという動作が、かりにラケットの面の角度、打つ強さ、ラケットの振りぬきという三つの部分からなるとしよう。ボールがうまく打てなかったとき、その原因は三つの部分のいずれか、あるいはそれらの組み合わせにある。しかし、うまく打てなかったという動作全体の悪さしか感じ取れないとすると、どの部分が悪いかがわからず、やった動作を修正しようとしても、ただやみくもに三つの部分のいずれかに変更を加えることしかできない。しかし、動作全体の悪さだけではなく、それぞれの部分の良し悪しも感じ取れるとすると、悪い部分を変更して良い部分をそのままにすることが可能となり、学習の効率は大幅に上がる。

複雑な技をまねる場合は、全体の良し悪しだけではなく、各部分の良し悪しも感じ取れることが望ましい。それが感じ取れれば、複雑な技であっても、模倣の学習は効率的に進む。そうでなければ、学習は困難をきわめる。先生から指摘を受ける場合でも、どこが良く、どこが悪いかを言ってもらえず、ただ全体として良い、悪いと言われるだけでは、学習はなかなか進まない。もっとも、先生のほうも、けっして意地悪なわけではなく、技をいくつかの部分にうまく分けることができないため、全体として評価するほかないのかもしれない。このような場合は、先生の技をまねるのに何年もかかるのも致し方ないことであろう。

4 体験して学習する

クオリア

本を読んだり、話を聞いたりして覚えるのではなく、自分でじっさいに体験して覚える。このような体験学習の重要性がよく叫ばれる。たしかに、自分で体験してみないと、覚えられないことも多い。私たちはバナナの味や白木蓮《はくもくれん》の香りを覚えているが、それはバナナを食べ、白木蓮の香りを嗅いだことがあるからだ。そのような体験がなければ、バナナがどのような味がするのか、白木蓮がどんな香りがするのかを知ることができない。いくら言葉を尽くして説明してもらっても、じっさいの体験には遠く及ばない。百聞は一見に如《し》かずだ。

どんなことでも、それがどのようなことかは、じっさいに体験してはじめて知ることができる。貧乏であることがどのようなことかは、じっさいに貧乏になってみないと、本当のところは知りえない。

あることがどのようなことかは、「どんな感じなのか」とも表現できる。この感じ（そのことに備わるそれ独特の感じ）は「クオリア（qualia）」とよばれる。「クオリア」は、もともとは質を意味する英単語だが、哲学ではとくに感覚的な質を意味する言葉として用いられている。貧乏になると、貧乏のクオリア（貧乏であることがどのようなことか）が知られる。物事のクオリアはその物事をじっさいに体験してはじめて知られるのである。

ただし、物事を体験してそのクオリアを知っても、必ずしもその物事を深く理解したことにはならない。貧乏になって貧乏のクオリアを知ったからといって、必ずしも貧乏であることが経済的にどんな状態なのか、自分の人生にどんな影響をもたらすのかを詳細に知ったことにはならない。ただたんに貧乏であることがどんな感じなのかを知っただけにとどまることもある。

物事のクオリアを知ることは、物事への深い理解を意味しないが、物事の理解の重要な側面のひとつである。バナナの味について、その神経科学的な事実（バナナが味蕾《みらい》をどう刺激し、その刺激が脳のどの部位に伝えられてどう処理されるか）をいくら詳しく知っても、バナナの味のクオリアを知らなければ、味の理解にとって決定的に重要なことを欠いていると言わざるをえない。

じっさいに体験してクオリアを知ることは、物事の理解にとって重要である。しかし、じっさいの体験が悪い結果をもたらす場合は、わざわざそのような体験を試みることは避けるべきだ。人を傷つけることがどのようなことかを知るためには、じっさいに人を傷つける必要があるが、だからといってそれをやってみるべきではない。何らかの事情で他者を傷つけてしまい、それによって他者危害のクオリアを知ることはあるが、そのクオリアを知るために、わざわざ他者危害を試みることは許されないだろう。

悪い結果をもたらす物事については、体験学習は控えざるをえない。しかし、それでも擬似体験は可能である。じっさいに人を傷つけることが許されないとしても、たとえば人を傷つける演技をしてみることはできる。演技はじっさいの体験ではないから、本当のクオリアを知ることにはならないが、擬似的なクオリアを知ることはできる。演技で人を傷つけても、その傷つけられた人が演技で苦悶《くもん》の表情を浮かべ、強い怒りのまなざしを差し向けてくれれば、他者危害のクオリアをある程度は知ることができよう。少なくとも、そのような演技をせずに、たんに言葉で理解しようとするだけの場合と比べれば、擬似的とはいえ、それなりのクオリアを把握できるだろう。

体験は手間暇がかかる。擬似体験ですら、そうだ。言葉で知ることができるなら、そのほうがはるかに手っ取り早い。しかし、体験して覚えることはきわめて重要である。体験しなければ、クオリアを知りえない。クオリアを知っても、必ずしも深い理解にはならないが、それでもクオリアの知は物事の理解のひとつの重要な側面なのである。

一人称の世界

私たちは世界を知覚や情動によって感知し、それにもとづく行動をすることで世界に働きかける。そしてその結果をふたたび知覚的・情動的に感知し、また新たに世界に働きかける。このような知覚や情動と行動の絶えざる循環が私たちの体験の世界だ。本書では、「感情」という言葉ではなく、「情動」というあまり馴染みのない言葉をあえて用いるが、それは心に「感じる」側面ではなく、心臓の鼓動や手足の震えなどの身体の「動き」の側面を強調したいからである。恐怖はたんに怖いという感じが心に生じることではなく、それに加えて心臓が高鳴り、身体が震えることである。

知覚や情動と行動の絶えざる循環からなる体験の世界は、とりわけ「一人称の世界」である。私は「いま、ここ」にいて、そこから世界を感知し、世界に働きかける。たとえば、私はいま、公園の池のそばにいて、そこから美しい花を見つけ、その花に感動し、それに近づく。このように私のいる「いま、ここ」という特定の位置から、世界を知覚し、情動を抱き、世界に働きかけることが、一人称の世界である。世界のなかで「いま、ここ」という位置を占めて、そこから世界と交わる存在は「世界内存在」とよばれる。一人称の世界というのは、ようするに世界内存在として世界と交わることによって、自分に立ち現れてくる世界にほかならない。

これにたいして三人称の世界は、自分を世界の外に置き、その外側の視点から俯瞰的《ふかんてき》に眺めた世界である。それは「いま、ここからの眺め（the view from now and here)」ではなく、世界のどこにも視点を置かない「どこからでもない眺め（the view from no-where)」である。「彼は喫茶店に行き、彼女は図書館に行った」と語るとき、私は彼や彼女のいる世界から自分の身を切り離し、世界の外側の視点からただ世界を眺める。私は世界を超越しているので、世界に身体でもって働きかけることはできない。超越的視点から、世界を眺めるだけである。神なら、超越的視点からでも世界に働きかけることができるかもしれないが、人間はただ眺めるだけである。

「いま、ここからの眺め」という一人称の世界を超えて、「どこからでもない眺め」である三人称の世界を獲得できるのは、人間のきわめてすぐれた能力である。それは一人称の主観的世界を超えて三人称の客観的世界を手にすることを意味する。しかし、私たち人間が三人称の客観的世界を獲得できるのは、あくまで一人称の主観的世界を基礎にしてのことだ。世界のなかに身をおいて、「いま、ここ」から世界を眺め、それにもとづいて世界に働きかける。これができるようになると、つぎは「ここ」からではなく、かりに「あそこ」から世界を眺めると、世界がどう立ち現れるか、そしてそれにもとづいて世界にどう働きかけるかが想像できるようになる。「いま」についても、同様だ。こうして想像のなかで、どんな一人称的な視点からでも世界を眺めることができるようになる。これが三人称の客観的世界の獲得にほかならない。

このように三人称の客観的世界の獲得は、一人称の主観的世界を基盤にしてなされる。しかも、三人称の客観的世界を手に入れても、世界に働きかけるためには、やはり一人称の主観的な世界が必要だ。「いま、ここ」から世界を捉えてこそ、「いま、ここ」から世界に働きかけることができる。世界から身を切り離して、外側から世界を捉えているだけでは、「そこ」に椅子があり、「あそこ」に机があるといった一人称的な把握ができない。そのため、その椅子に座るとか、あの机に向かって行くとかといった行動を実行できない。身体でもって世界に働きかけるためには、世界のうちに身を置いて、一人称的に世界を把握しなければならない。傍観者のままでは、行動を起こせないのである。

体験の世界は一人称の世界である。したがって、体験して覚えるということは、世界との一人称的な交わりを通じて、物事が「どんな感じ（クオリア）なのか」を知ることである。「いま、ここ」から世界を知覚的・情動的に感知し、それにもとづいて世界に身体的に働きかける。このようにして、たとえば、「美しい光景を楽しむ」ことがどんな感じなのかを知ることができるようになる。体験して覚えることは、この「感じ（クオリア）」をつかむことなのである。

本章のまとめ

「覚える」という知的活動は多岐にわたる。私たちは暗記し、身体で覚え、まねして覚え、体験して覚える。意味もわからずに丸暗記するのは、苦痛だが、理解への第一歩として重要だ。身体で覚えるには、練習して適切な身体をつくらなければならない。まねして覚えるとき、試しにやったことの良し悪しがよくわかれば、学習が順調に進む。体験して覚えるというのは、体験によって物事がどんな感じか（物事のクオリア）を知ることだ。三人称の客観的世界を獲得できるのは人間のすぐれた能力だが、それは一人称の主観的世界を基盤として可能になる。

第二章　わかる

1　意味を理解する

意味とは何か

「わかる」というのは、物事の意味を理解することだと言ってよいであろう。ただ暗記するのではなく、その意味を理解することが重要である。第一章で述べたように、暗記も重要だが、それは理解への第一歩として重要なのである。

たとえば、質量がエネルギーと等価であることを暗記しても、それが何を意味するのかを理解しなければ、ほとんど何の役にも立たない。「質量はエネルギーと等価か」と問われて、正しく「イエス」と解答できるくらいが関の山で、原爆がなぜ膨大なエネルギーを生み出せるのかといった問いに答えることはできない。また、困っている人は助けるべきだということをただ暗記しているだけで、その意味を理解していなければ、自力で困難を乗り越えようとしている人まで助けてしまい、お節介だということになりかねない。

では、意味を理解することが重要だとして、その意味とは何だろうか。意味をもつものとしては、まずは言葉(あるいは一般に表現)が思い浮かぶだろうから、言葉の意味とは何かということから考えてみよう。

言葉が意味をもつというのはふつう、言葉がある特定の物事を表すことだと考えられよう。「イヌ」という言葉はイヌを表し、「地震」という言葉は地震を表す。これらの言葉がそのようなものを表すことが、それらが意味をもつということだ。かりにこの考えが正しいとして、それでは「イヌ」がイヌを表し、「地震」が地震を表すというのは、どのようなことなのかをさらに問うてみよう。

この問いにたいして、「イヌ」という言葉は私たちの心のなかでイヌのイメージと結びついており、このイメージを介してイヌを表すという説がある。これは意味の「イメージ説」とよばれる。イヌのイメージはイヌとよく似ているから、イヌを表す。したがって、「イヌ」はそれと結びついたイヌのイメージを介してイヌを表すことになるというわけだ。

しかし、もしそうだとすれば、結びつく特定のイメージがない言葉の場合は、どうなるのだろうか。「民主主義」と結びつく特定のイメージはないだろう。それゆえ、「民主主義」はイメージを介して民主主義を表すわけにはいかない。また、「理性」という言葉と結びつく特定のイメージもないから、「理性」もイメージを介して理性を表すわけにはいかない。

意味の使用説

意味のイメージ説に代えて、ウィトゲンシュタインという二〇世紀を代表する哲学者が意味の「使用説」を唱えた。言葉は私たちの日々の営みのなかでさまざまに使用される。言葉を用いて行われるこのような営みをウィトゲンシュタインは「言語ゲーム」とよぶ。それぞれの言葉は言語ゲームのなかでその言葉に特有の仕方で用いられる。「イヌ」は、たとえば、イヌが眼のまえにいるときに「イヌだ」と発話され、「可愛いね」

という聞き手の言葉を誘発し、イヌに近寄るという行動を引き起こす。これは「トラ」の使われ方とは大きく異なる。「イヌ」がイヌを意味するのは、「イヌ」がそのような仕方で使用されるということであり、「トラ」がトラを意味するのも、「イヌ」とは別のある特定の仕方で使用されるということである。

言葉の意味とはその使用だということは、言い換えれば、言葉の意味とはその「働き」だと言えよう。イヌが眼前にいるときに「イヌだ」と発話し、イヌに近寄る動作を引き起こすといったことは、「イヌ」という言葉が言語ゲームにおいてそのような働きをもつことにほかならない。

また、言葉だけではなく、物事も意味をもちうる（ここでは「物事」という言葉を物と出来事の両方を含む広い意味で用いる）。物事の意味についても、言葉の意味と同じ考え方が適用できる。つまり、物事の意味もその物事に特有の働きとして捉えることができる。

たとえば、ロシアのウクライナ侵攻が歴史の大きな転換点を意味するということは、それが歴史を転換させる働きをすることである。また、将棋のこの一手が勝利の確定を意味するということは、それが勝利を確定させる働きをすることである。私たちはある出来事にはどんな意味があるのか、ある一手は何を意味するのかと問うが、それはこの出来事やその手がどんな働きをするのかを問うているのである。

言葉にせよ、物事にせよ、それらの意味とはそれらの働きにほかならない。それらが何を表すかということも、それらがどんな働きをするかということから決まる。「イヌ」がイヌを表すのは、それが言語ゲームにおいてある特定の働き（とくにイヌがいるときに、「イヌ」と発話されるという働き）をするからであり、将棋の一手が勝利の確定を表すのも、それがその対局においてある特別な働き（まさに勝利を確定させる働き）をするからである。

意味が働きだとすれば、意味を理解することは働きを理解することである。言葉にせよ、物事にせよ、ただそれを暗記するだけではなく、その意味を理解することが重要だというのは、ようするにそれがどんな働きをするのかを理解することが重要だということなのである。

理解の深さ

意味とは何かが見えてきたので、つぎに「理解」についても考えを深めてみよう。意味の理解には、浅い理解もあれば、深い理解もある。たとえば、太郎は「恥ずかしい」という言葉の意味をごく浅くしか理解していないが、文学好きの花子は深く理解している。しかし、歴史好きの太郎は壬申《じんしん》の乱の意味を深く理解しているが、花子は通り一遍の浅い理解しかもっていない。また、太郎はピタゴラスの定理の意味をごく表面的にしか理解しておらず、その証明もできないが、花子はそれを深く理解していて、証明もできる。

それでは、理解の深浅とは何であろうか。さきに述べたように、意味が働きだとすれば、理解の浅さと深さの違いは、言葉や物事の働きをどれくらい詳しく理解しているかの違いとして説明できよう。

言葉はいろいろな文脈で用いられる。「恥ずかしい」という言葉は、教室で先生にあてられてうまく答えられなかったときに「ああ、恥ずかしい」と言って、みなの失笑を誘うという仕方で用いられるだけではなく、優秀な子と比べられて「恥ずかしくないの」と言われて「フン」とむくれるという仕方で用いられもする。「恥ずかしい」という言葉が用いられる文脈はさまざまであり、どの文脈でもつねに同じ働きをするわけではない。むしろ、用いられる場面や引き起こす反応が異なるので、文脈に応じて異なる働きをすると言ったほうが正確であろう。したがって、「恥ずかしい」という言葉の理解には、少数の文脈での働きしか知らない場合と、多数の文脈での働きを知っている場合の違いがあることになる。言葉の意味の理解の浅さと深さの違いは、どれくらい多くの文脈でその言葉の働きを知っているかの違いとして説明できよう。

同じように、物事の意味の理解についても、その浅さと深さの違いは物事の働きをどれくらい詳細に知っているかの違いとして説明できる。

たとえば、壬申の乱は天智《てんぢ》天皇の死後、六七二年に天皇の子の大友皇子と天皇の弟の大海人《おおあま》皇子が皇位継承をめぐって争った内乱である。皇族と豪族がそれぞれ二派に分かれて争った。しかし、このようなことはこの出来事の意味・働きというよりも、出来事自体の具体的な内容である。出来事の意味・働きは、それがどのような経緯で起こり、どんな結果をもたらしたかに関わる。それは言葉の意味・働きがその言葉がどのような状況で使用され、どのような結果（反応）をもたらしたかに関わるのと同様である。

壬申の乱の例で言えば、天智天皇の後継者が弟の大海人皇子だと定められていたにもかかわらず、天智天皇が子の大友皇子を自分の後継者にしたいと望むようになったために生じた。そしてこの乱の結果、勝利した大海人皇子は即位して天武天皇となり、その威力は絶大で、豪族を抑えて天皇を中心とする国づくりが進んだ。このような経緯と結果が壬申の乱の意味・働きである。もちろん、この経緯と結果はいま述べたよりもはるかに多面的で詳細な内容をもつ。したがって、壬申の乱の意味・働きも非常に多面的で詳細な内容をもつ。その内容をどれくらい多く知っているかが、理解の深浅を決めるのだ。

ただし、出来事の場合、それ自体の具体的な内容を詳しく知ることも、その意味の深い理解につながることが多い。壬申の乱が大友皇子と大海人皇子のあいだの皇族と豪族を巻きこんだ皇位継承の争いであることを知るだけでなく、たとえば、大海人皇子が先に急所の地を押さえ、大友皇子が立ち遅れたことをさらに知ることは、この乱の意味をより深く理解することにつながるように感じられるだろう。というのも、それを知ることで、なぜ大海人皇子が勝利して天皇に即位するという結果になったかがより深く理解できるようになるからである。

しかし、たんに出来事自体の内容を詳しく知るだけで、その経緯と結果をまったく知らなければ、やはりその出来事の意味を理解したとは言えない。出来事自体の内容はその出来事がどんな経緯で起こり、どんな結果をもたらしたかということと切り離せない深いつながりがあるが、このつながりを理解してこそ、出来事の意味を理解したと言える。したがって、出来事の意味を深く理解するためには、あくまでもその出来事の経緯と結果を詳しく理解しなければならないのである。

2　知識と真の理解

言語的な知識

前節では、言葉の意味の理解とともに、物事の意味の理解を見てきた。物事の意味の理解は、その物事の経緯と結果についての理解であり、その物事自体の内容の理解を含まない。しかし、「物事の意味の理解」ではなく、たんに「物事の理解」と言うときは、意味の理解と内容の理解の両方を含む。そしてこの意味の理解と内容の理解は、いずれもその物事についての「知識」を獲得することだと言ってよいだろう。物事の理解（意味と内容の理解）とは、ようするにその物事についていろいろな知識を獲得することにほかならない。

ところで、知識には、大きく分けて、「命題知」と「技能知」という、ふたつの形態がある。命題知は物事を命題で表して、その命題が正しいことを知るという形の知識である。梅が咲いていることを知るというのは、梅が咲いているという事態を「梅が咲いている」という命題で表して、それが正しいということを知ることである。ロシアがウクライナに侵攻したことを知ることも、水が零度で凍ることを知ることも、それらの事態を命題で表して、その正しさを知ることである。命題は言語で表現されるので、命題知は言語的な知識と言ってよい。私たちはみな、膨大な数の命題知をもっている。

これにたいして、技能知は物事のやり方を知っていることを指す。たとえば、自転車の乗り方を知っていることは、ひとつの技能知である。これは、ようするに能力にほかならない。自転車の乗り方を知っているというのは、自転車に乗れるということ、つまり自転車に乗る能力をもっているということである。走れることや泳げることも、技能知である。私たちはみな、命題知と同じく、膨大な数の技能知をもっている。

「覚える」と「わかる」との関係で言うと、命題知はおもに「わかる」ことに関係し、技能知は「覚える」ことに関係する。自転車の乗り方を知ることは、自転車の乗り方を覚えることである。それは練習によって習得される。自転車の乗り方を解説した本をいくら読んでも、自転車に乗れるようにはならない。じっさいに自転車に乗って、何度も転びながら、練習しなければならない。それは身体で覚えなければならないのである。

それにたいして、命題知は言葉だけで獲得することができる。新聞に「ロシアがウクライナに侵攻した」と書かれているのを読めば、それだけでロシアがウクライナに侵攻したことを知ることができる。それを知るために、あれこれ身体を動かしたり、あるいはウクライナに行ったりする必要はない。ただその文を読みさえすればよい。練習を必要とせず、ただ言葉だけで獲得できる命題知は、とても便利だ。自転車の乗り方を解説した本を読んでも、自転車が乗れるようにはならないが、自転車の乗り方についての命題知を得ることはできる。野球の打撃のコーチは、かつての名選手でなくても、打撃にかんする命題知を豊富にもっていれば、打撃の指導をうまく行うことができる。

物事の具体的な内容にかんする命題知を獲得しても、もちろんそれだけでは、物事の意味を理解したことにはならない。北朝鮮がミサイルを発射したことを知っても、この出来事の内容を知っただけで、どのような経緯で生じ、どんな結果をもたらしたかを知ったことにはならない。たしかに「北朝鮮がミサイルを発射した」という文の意味から導き出せる経緯と結果、たとえば、北朝鮮は何らかの意図でそうしたとか、ミサイルはどこかに落ちるだろうといった漠然としたことを知ることはできる。しかし、それ以上の経緯と結果については、北朝鮮がミサイルを発射したこととは別に調べる必要がある。ただし、そのような経緯と結果の知識も命題知として獲得できる。軍事の専門家の解説などから命題知を獲得すれば、経緯と結果を知ることができるのである。

物事の意味を理解することは、その物事が他のどんな物事から生じ、どんな物事を引き起こすかを知ることである。それはようするに、物事と物事のあいだの関係を知ることである。言語は文によって物事を表現し、物事と物事のあいだの関係を文と文のあいだの接続関係として表現することができる。「ロシアはウクライナを支配下に置こうとした。そのため、ウクライナに侵攻した。その結果、ウクライナに多くの死者が出た」と述べることで、物事と物事のあいだの関係が表現できる。文と文のあいだに接続関係をもたせることが、それぞれの文によって表現される物事と物事のあいだの関係を表すことなのである。

言語はこのように多くの文を接続して、大きな文の体系を構成することができる。この文の体系は多くの物事が織りなす全体的な関係を表す。物事の意味を理解することは、その物事が他の物事と織りなす全体的な関係を知ることである。したがって、ある物事についての文の体系（つまり体系的な説明）を読んで、その物事にかんする命題知の体系を獲得すれば、その物事の意味を体系的に理解することができるのである。

意味の知と技能知

さきほど述べたように、命題知は人から話を聞いたり、本を読んだりすることで獲得できる。獲得のために、練習や訓練は不要だ。しかし、命題知が言葉だけで獲得できるのは、私たちがすでに言葉の意味を知っているからである。

たとえば、「図書館は閉まっているよ」と聞いて、図書館が閉まっているという命題知を得ることができるのは、「図書館が閉まっている」という文の意味をあらかじめ知っているからである。知らない言語で話されたことを耳にしても、命題知は得られない。英語がわからない人は、“The library is closed” と言われても、図書館が閉まっているという命題知を得ることはできない。

では、言葉の意味はどのようにして習得されるのだろうか。さきに述べたように、言葉の意味は言語ゲームにおける使用である。私たちは幼いころから、さまざまな言語ゲームに参加して、言葉の使用を学んでいく。大人がどう使っているのかを観察し、それをまねて自分でも使用し、間違っていたら修正を受け、やがて適切に言葉を使えるようになる。それはじっさいに言語ゲームに参加しながら実践的な練習を行い、それによって言葉を適切に使用する能力を獲得することにほかならない。言葉の意味の習得は、言葉の使用能力の獲得なのである。

したがって、言葉の意味を知ることは、言葉の使用能力という技能知をもつことにほかならない。命題知はこの技能知によって支えられている。命題知は練習なしに獲得できてまことに便利だが、その背後には膨大な練習によってはじめて獲得できる技能知が働いているのである。

ただし、言葉の意味は、練習ではなく、言葉によって習得されることもある。「民主主義」という言葉の意味は、「人民が権力を有し、みずからそれを行使する政治形態」という言葉での説明によって理解できる。辞書は言葉による説明の宝庫である。辞書を引くことで、私たちは膨大な数の言葉の意味を知ることができる。しかし、このようにして言葉の意味を知るためには、説明に用いられる言葉の意味をあらかじめ知っていなければならない。英単語の意味を正確に知るには、英和辞典よりも英英辞典を引いたほうがよいと言われることがある。なるほどと思って英英辞典を引いてみると、説明に用いられる英単語の意味がわからないので、結局、英和辞典を引くはめになる。

もちろん、説明に用いられる言葉の意味を知らなければ、その言葉をさらに辞書で引けばよい。「民主主義」は「人民が権力を有し、みずからそれを行使する政治形態」だと説明されても、「権力」や「政治形態」の意味がわからなければ、「民主主義」の意味を知ることはできない。しかし、「権力」や「政治形態」をさらに辞書で引くことができる。このように辞書をつぎつぎと引いていけば、やがて「民主主義」の意味がわかるようになるかもしれない。しかし、そのためには、やはり最後に、説明ぬきに知っている言葉がなければならない。つまり、言語ゲームにおける言葉の使用の実践的練習によって、基礎的な言葉の意味をすでに習得していなければならないのである。練習によって獲得される技能知が、言葉による言葉の意味の習得の基盤をなしているのだ。

しかも、厳密にいえば、ほとんどの場合、言葉による言葉の意味の習得では不十分である。「民主主義」の意味を「人民が権力を有し、みずからそれを行使する政治形態」という説明によって知ったとしても、それで十分「民主主義」の意味を理解したことにはならない。意味の理解には、浅い理解や深い理解があり、言葉による説明だけでは、十分深い理解には達しない。たとえ辞書的な説明に加えて、民主主義にかんする書物を何冊も読んでも、やはり十分に理解したとは言えない。「民主主義」という言葉にはさまざまな使用があり、その使用を十分理解するには、辞書や書物だけでは、不十分なのである。

「民主主義」という言葉の十分な理解を得るためには、やはりじっさいに「民主主義」という言葉を用いて行われる言語ゲームに参加して、実践的にその言葉の使用を学ぶ必要がある。そのためには、じっさいに民主主義の国で生活してみることも必要かもしれない。とにかく「民主主義」という言葉を用いてやりとりする日常の会話に参加して、その使用を実践的に習得しなければならない。そうしてはじめて十分に深い理解が得られる。この点からも、言葉の意味の習得には、言語ゲームにおける実践的な練習が重要なのである。

3　視覚的な表現と操作可能な表現

視覚的な表現

ここまで「言語」と言ってきたものは「自然言語」、すなわち私たちが日常の会話でやりとりしている言語である。この自然言語のほかにも、さまざまな表現方法がある。表、グラフ、数式、図、絵、人工言語など、じつに多彩だ。これらはそれぞれ独自の仕方で私たちの物事の理解を助けてくれる。以下では、まず、物事を視覚的に示す表現（絵、グラフ、図など）について、それらが私たちの理解をどのように助けてくれるかを見ていこう。

　小説にはふつう挿絵がない。ただただ文字が並ぶ。それでも、小説を読む人は頭のなかで描かれた情景を思い浮かべながら読む。情景のイメージが浮かんでこないと、ひどく理解しづらいし、楽しく読めない。頭のなかのイメージは小説の理解をおおいに助けてくれる。しかし、人生経験がまだ少ない子供たちは、物語を読んでイメージを思い浮かべるのがむずかしい。そのような子供たちのために絵本がある。文章に添えられた絵がイメージの代わりをしてくれる。中高生にもなると、さすがにもう絵本はあまり必要ないであろうが、それでも挿絵がいくらかある小説は、おおいに理解の助けになる。大人用にも、挿絵のある小説がもっとあってもよい。

　このように絵は物事を視覚的に理解するのを助けてくれる。この点では、図、表、グラフ、イラストなども同様である。関数のグラフがなければ、関数の理解は非常に困難であろう。$y=2x+3$ のグラフが直線で、$y=x^2+4$ のグラフが放物線であることを知ることで、これらの関数の理解はおおいに深まる。グラフが示されず、数式だけで関数を理解するのは、何か雲をつかむような感じで、たいへんむずかしい。

自然科学系の論文では、図、表、画像などがよく出てくる。人文科学系や社会科学系の論文では、文字だけという場合も多いが、自然科学系では、文字だけの論文はほぼないであろう。

たとえば、脳科学では、ある課題（何かある恐ろしいものを見るといった課題）を行ったときに、脳のどの部位が活性化するかという実験がよく行われる。そしてその結果が論文として公表されるとき、必ずといってよいほど、活性化した脳部位を赤や黄で示した脳画像が提示される。たとえば、ある恐ろしいものを見たときに扁桃体《へんとうたい》が活性化したとすると、そのことが文章で表現されるだけでなく、扁桃体を赤く塗った脳画像でも表される。このような脳画像の説得力は大きい。ちなみに、広告などで悪用されると、文章だけなら騙《だま》されないのに、脳画像が加わると騙されるといったことが生じる。要注意だ。

私たちは自然言語で物事を理解する能力に長けているのと同じように、視覚的な表現で理解する能力にも非常に長けている。そのため、図、表、グラフ、画像など、物事を可視化するさまざまな表現手段が生み出されている。しかし、自然言語での理解の重要性は、けっしておろそかにできない。

なぜなら、視覚的な表現が何を描き、どの側面を強調しているかが、必ずしも明らかでない場合もあるからだ。せっかく写真やイラストがあっても、どうもピンとこず、ただ漫然と眺めるだけということがある。そのような場合には、写真やイラストに付されたキャプション（簡潔な解説文）がおおいに役立つ。キャプションを読んではじめて、写真やイラストをどう見ればよいかがわかる。キャプションは写真やイラストの見方を教えてくれるのである。

そのため、自然言語による理解と視覚的な表現による理解は、ともに重要であることがわかる。両者があいまって、物事の深い理解につながる。では、両者は物事の理解にたいしてそれぞれどんな貢献をしているのだろうか。視覚的な表現は物事を可視化することで物事の理解に貢献する。たとえば、各国の人口をたんに数字で表すのではなく、棒グラフで表すと、人口の多さの違いがひと目でよくわかる。では、自然言語のほうは物事の理解にどう貢献するのだろうか。

まず、第一に、言葉は物事を分節化することで、理解を助ける。一枚の写真を見ても、そこに写っているものがどのような対象で、どんな性質をもっているかが必ずしもはっきりしないときがある。このようなときに言葉で説明が与えられると、何が写っているかがはっきりする。たとえば、「地震で家が倒壊した」と説明されると、写真に写っている光景が〈地震〉、〈家〉、〈倒壊〉にはっきりと切り分けられ、それらのあいだの関係（〈地震〉によって〈家〉が〈倒壊〉を起こしたという関係）が明らかになる。

さらに、このような「事実のあり方」の分節化に加えて、「価値のあり方」の分節化も起こる。地震で家が倒壊したことがわかると、そこに漂う〈無残さ〉や〈荒涼さ〉といった価値のあり方がくっきり浮かび上がってくる。言葉による説明はこのように事実や価値の分節化を行うことで、物事の理解に貢献するのである。

第二に、さきに見たように、言葉は物事を体系化することで、理解を助ける。一枚の写真には、いろいろなものが複雑に関係しあっている様子が写されていることがある。このようなときは、それらが全体としてどのような体系をなしているのかが必ずしも明らかではない。写真はたしかに全体を一望させてくれるが、一望できても、全体の体系的なあり方がわかるとはかぎらない。そのような写真に言葉で体系的な説明が加えられると、物事の体系が明らかになる。たとえば、「町の中心に市役所がある。その東側に繁華街がある。住宅街は北と西に開けている。……」といった説明が加えられると、写真に写った町がどんな体系をなしているのかがわかる。

言葉はこのように視覚的な表現が示すイメージを分節化し、体系化することによって、物事の理解に貢献するのである。

以上をまとめると、視覚的な表現（絵、図、グラフ、など）は、自然言語による補完を受けながら、物事を視覚的に表すことで私たちの理解を促す。それは可視化という独自な仕方で物事の理解に大きく貢献するのである。

形式的操作のもつ意味

つぎに、数式のような「形式的操作」が可能な表現について、それが物事の理解にどう役立つかを見ていこう。形式的操作というのは、簡単に言えば、表現の「内容」ではなく、その「形式」にもとづいて表現を変形する操作のことである。

ふつう表現によって物事を理解するとき、表現が表す内容にもとづいて理解する。たとえば、「急に暗雲が立ちこめ、すぐさま雨が降ってきて、ずぶぬれになった」という文によって、雨に見舞われたという出来事を理解するとしよう。このとき、この文が表す内容、すなわち、暗雲、降雨、ずぶぬれという三つの出来事が順に生じたという内容にもとづいて、出来事の理解がなされる。もしこの内容がわからなければ、この出来事について何も理解できない。

しかし、場合によっては、表現の内容がわからなくても、その表現が物事の理解に貢献することがある。それが形式的操作による理解である。少し長い話になるが、順に説明していこう。

まず、形式的操作とは何かを説明するために、表現にはその内容だけではなく、形式という側面があることに注目しよう。たとえば、「太陽が輝く」という表現は、内容としては、太陽が輝くことを表すが、形式としては、「太陽」と「が」と「輝く」という三つの単語から成り、主述文という文法構造をもつ。表現の形式とは、ようするに表現それ自体のあり方のことである。このような表現の形式にもとづいて表現を別の表現に変形することが可能になる。

たとえば、「雨が降り、かつ風が強い」という文から「雨が降る」という文を導き出すことができる。この推論は文の内容とは関係なしに、その形式にのみもとづいて行うことができる。このことをはっきり見てとるために、いま、「雨が降る」という文を「P」で、「風が強い」という文を「Q」で表すことにしよう。そうすると、「雨が降り、かつ風が強い」という文は「PかつQ」で表されることになる。このように記号で表すと、文の内容は隠れて見えなくなる。しかし、それでも、「PかつQ」から「P」を推論できる。つまり、「P」と「Q」の内容がわからなくても、「PかつQ」が「P」と「Q」を「かつ」という接続詞で結んでいるという形式をもつことから、この推論を行うことができるのである。

このように文の形式にもとづいて文から別の文への推論を行うことが可能である。言い換えれば、表現の形式にもとづいて表現を別の表現に変形することができるのである。このような変形が「形式的操作」である。形式的な操作は、いま見たように、自然言語でも可能であるが、ほとんどの場合、人工言語でなされる。数学の言語やコンピュータのプログラミング言語は、表現の形式的操作のために考え出されたと言ってもよいだろう。たとえば、「3x=x+4」という式は、両辺から同じものを引くという規則に従って「2x=4」に変形でき、さらに両辺を同じ数で割るという規則に従って「x=2」に変形できる。こうした変形は、式が表す内容とは無関係に行われる。

このような形式的操作によって、さまざまな数学の問題を解くことができる。たとえば、「鉛筆は消しゴムより10円安い。鉛筆を5本、消しゴムを3個買ったら、全部で430円であった。鉛筆はいくらだろうか」という問題を考えてみよう。この問題はつぎのように方程式を立てて解くことができる。

鉛筆の値段をx円とすると、つぎの式が成り立つ。

5x+3(x+10)=430

この式を変形して、解いていくと、

5x+(3x+30)=430

5x+3x=430−30

8x=400

x=50

となる。

ここで、最初の式「5x+3(x+10)=430」は問題の内容を表し、最後の式「x=50」は鉛筆一本の値段を表している。しかし、途中のみっつの式が何を表しているかははっきりしないし、その内容が何であるかは式の操作に関係しない。じっさい、私たちは途中の式の内容などまったく気にすることなく、ただ形式的に式を操作するだけである。

しかし、このような形式的操作によって、私たちは知識を拡大することができる。鉛筆の値段は最初、不明であったが、方程式を形式的に操作して解を得ることで、その値段が明らかになる。数式は必ずしもその内容が把握されなくても、形式的に操作されるだけで、物事の理解に貢献できるのである。

もっとも、すべての数式がただ形式的に操作されるだけで、その内容がどれも把握されていなければ、それはいわば数式を「いじくっている」だけであり、物事の理解には寄与しない。さきの例で最初と最後の式の内容が把握されていたように、少なくとも一部の数式はその内容が把握されていなければならないのである。

コンピュータはプログラミング言語の記号表現を途方もない速さで何億回、何十億回と操作する。この場合も、数式と同じく、記号表現の内容と無関係に、その形式にのみもとづいて操作が行われる。コンピュータは形式的操作の機械である。それでも、一部の記号表現の内容が私たちによって把握されていないと、その形式的操作は私たちの物事の理解に貢献しないのである。

この点に注意をしたうえで、数式やプログラミング言語の記号表現を形式的に操作することによって、新しい知識を獲得し、物事の理解を深めることができることをしっかり認識しておきたい。現代では、そのような知識の獲得と物事の理解が私たちにとってきわめて重要になっているのである。

4　直観の正体

知覚と直観

アルキメデスは風呂に入ると、水位が上がることに気づいて、「エウレカ（わかった）！」と歓喜して叫んだという。この話を聞いたことのある人も多いだろう。王冠のような複雑な形状の物体でも、それを水に入れれば、その体積がすぐわかる。このことを発見して、欣喜雀躍《きんきじゃくやく》したのである。

問題の答えが閃《ひらめ》いたり、謎めいたものの正体が明らかになったりすると、私たちは「あっ、わかった！」と叫びたくなる。このようなときの「わかる」はたいてい直観的な理解である。答えがパッと思い浮かび、謎の正体が突然明らかになる。このような直観もまた、私たちの物事の理解にとって非常に重要である。

たとえば、数学の証明問題を考えてみよう。証明は、与えられた前提から一定の規則に従って結論を導き出すことである。しかし、従うべき規則は複数あり、それらをどんな順番で適用していけばよいかは明らかではない。この点が証明の難しいところである。証明問題を解くというのは、ようするにどの規則をどの順に適用するかを発見することだと言っていい。

しかし、たんにどの規則をどの順に適用するかがわかっただけでは、じつは証明が本当にわかったとは言えない。たとえば、頭をひねってもなかなか証明問題が解けないので、ついつい答えを見てしまうことがある。しかし、答えを見てもなお、よくわからないと感じることがあるだろう。答えを見れば、どの規則をどの順に適用して、前提から結論が導かれているかはわかるのだが、それでもどうも腑《ふ》に落ちないのである。

なぜここでこの規則を適用するのか。「そうすれば、解けるからだ」と言われても、「でも、どうして」と言いたくなる。しかし、最初は腑に落ちなくても、証明を何度もたどりかえして、証明の流れに慣れてくると、やがて「あっ、わかった」と感じられる瞬間が訪れてこよう。それは証明のいわば「核心」が直観的に把握された瞬間である。証明の本当の理解には、証明の核心を直観的につかむことが必要なのである。

直観はこのように私たちの理解を深めてくれる。では、そもそも直観とは何であろうか。直観にはいろいろな面があるが、以下では、直観と知覚の比較を通じて、直観の一端を明らかにしたい。

知覚はその形成の過程が意識されることなく、その結果だけが意識にのぼる。バナナから光の刺激を受けると、バナナが見える（つまりバナナの姿が意識に現れる）。しかし、このバナナの知覚が形成される過程、すなわち網膜に到達した光刺激が脳の視覚皮質に送られ、そこで順次、情報処理がなされていく過程は、意識にのぼらない。最終的な結果であるバナナの知覚だけが意識にのぼる。したがって、意識のうえでは、知覚は形成過程なしに突如出現するように思える。しかし、いま説明したように、それは無意識的な形成過程を経ているのである。

知覚と同様のことが、直観でも生じている。直観においても、その形成過程は意識されず、結果だけが意識にのぼる。さきほど述べたように、証明を何度もたどっていると、やがてその核心が直観されるが、意識にのぼるのはその核心の直観だけであって、それが脳のなかでどのような情報処理を経て形成されるかは意識されない。

このように知覚と直観のあいだには、よく似た点がある。しかし、その一方で、重要な違いもある。すなわち、知覚においては、物事の具体的な内容が意識に現れるのにたいし、直観では、抽象的な内容しか現れない。バナナの知覚においては、意識に具体的なバナナの姿が現れるが、証明の直観においては、証明の核心という抽象的な内容しか意識に現れない。もちろん、証明を構成する式（または命題）の系列を具体的に意識に思い浮かべることはできるだろうが、それは直観によって捉えられる証明の核心ではない。なぜなら、証明の核心を直観的に把握できなくても、証明をよく暗記すれば、証明の式／命題の系列を具体的に思い浮かべることは可能だからである。証明を直観的に把握することは、証明の式／命題の系列を具体的に思い浮かべることではなく、証明の核心を一挙に捉えることなのである。

これは何も視覚的な事柄に限った話ではない。たとえば、ひとつの楽曲が直観的に把握されるというような聴覚的な事柄の場合も、同様である。ベートーベンの「運命」を何度も聴いて、それが直観的にわかるようになったとしよう。このとき、「運命」の核心を一挙に捉えることになるが、それはこの楽曲を構成する音を順に意識に思い浮かべることではない。楽曲の核心を捉えることは瞬時に可能だが、楽曲のすべての音を具体的に思い浮かべるには、何十分もかかる。楽曲を直観的に把握することは、意識のなかで楽曲を具体的に再現することではなく、楽曲の核心を一挙に捉えることなのである。

このように、直観では、知覚と違って、物事の核心しか意識に現れない。直観は物事の具体的な姿ではなく、その核心を一挙に捉えるのである。私たちの物事の理解は、このような直観によっておおいに深められる。

直観と読み

将棋や囲碁の世界では、「直観」という言葉がよく使われる。「直観」と対比的な意味をもつ「読み」という言葉も、よく使われる。つぎに、「直観」と「読み」の対比という観点から、直観が物事の理解にどう役立つかを見ていこう。それによって、物事の理解における直観の役割がさらによくわかるようになろう。

将棋で良い手を指すためには、この手を指すと、相手はどう応じ、その相手の応手にたいしてどう指すか、等々と先の先まで読まなければならない。しかし、ひとつの局面で将棋の規則に反しない指し手は、非常にたくさんある。それらの可能な指し手とその先をすべて読むとすれば、読む量は膨大となり、とても読みきれない。そこで直観が活躍することになる。直観によって良い手の候補があらかじめ少数に絞られるのだ。それゆえ、その少数の候補手についてだけ、それを指すとどうなるかを読み、それによって一番良い手を決めればよい。こうすることで読む量を大幅に減らすことが可能になる。

プロ棋士はこの直観がすごい。それは膨大な数の対局を積み重ねることによって培われてきたものだ。読みもすごいが、とくに直観がすごいのだ。ひとつの局面を見ると、パッと良い手が浮かぶ。アマでは、そうはいかない。良い手が直観的に思い浮かばないから、いろいろな手をほとんどシラミ潰しに読んで、良い手を決めるしかない。もちろん、読む力もたいしたことないので、そうやって決めても、たいていあまり良い手ではない。

直観は、絞られた手をその先までさらに読んでいくためにも、活躍する。良い手の候補を少数に絞っても、そのそれぞれについてさらに先まで読んでいくためには、相手がどう応じ、その応手にどう対応するか、等々を読まなければならない。それはほんの一〇手先、二〇手先でも、膨大な数の枝分かれとなる。したがって、その枝分かれをすべて読みきるのは、あまりにも量が多すぎて、実際上不可能である。そこで、やはり直観が活躍する。直観によって考慮すべき枝分かれがおのずと浮かび上がり、それらの絞りこまれた枝分かれだけを読んでいけばよい。

論証や議論にも有効

直観は、私たちがしばしば行う論証や議論においても、やはり絞りこみの働きをすることで、非常に重要な役割を担う。それを説明するために、まず、論証と議論がそれぞれどのようなものかを簡単に見ておこう。

論証は、何らかの証拠や理由を提示して、そこから推論を行い、最終的に良い結論にたどりつこうとするものである。証拠や理由の候補となるものはふつう数多くあり、結論に至る筋道の候補もたくさんある。したがって、論証を行うには、それらの多くの候補のなかから良い証拠と理由、および良い筋道を選ぶ必要がある。そのようにして論証を行えば、結論はより確かなものとなり、結論と他の事柄との関係も明らかになる。

たとえば、「貧富の格差はますます拡大する」という結論だけだと、本当にそうなのかは確かではないし、格差の拡大がどのような要因によって起こるのかもわからない。しかし、「人工知能の導入により、多くの人が仕事を奪われる。そしてその導入によって生じる利益は仕事を奪われた人たちには回らない。それゆえ、貧富の格差が拡大する」というような論証がなされれば、結論はそれだけ確かになる。しかも、格差の拡大という結論と人工知能の導入や仕事の剝奪、利益配分の不平等とのつながりも明らかとなり、より深い理解が得られることになる。

このように論証が伴っていれば、結論の確かさも増し、結論と他の事柄との関係も明らかになる。もちろん、「結論ありき」で、論証は後から取ってつけたものにすぎないのであれば、論証は結論をより確かにすることも、結論を他の事柄に正しく関係づけることもない。しかし、そうでなければ、論証はそのような重要な役割を果たすのである。

つぎに議論について見ていこう。議論は、ひとつの問題にたいして複数の異なる見解があり、それらの見解を戦わせて、より良い結論を導き出そうとするものである。たとえば、「地球は温暖化するか」という問題をめぐって、一方では、温暖化を示す多様な証拠にもとづいて温暖化を支持する見解があり、他方では、温暖化しないことを示すさまざまな証拠にもとづいて温暖化を否定する見解がある。このとき、それぞれの証拠がどの程度の強さ（すなわち証拠力）をもつかについて意見が戦わされ、さらに地球が温暖化すると、どんな悲惨な結果になるかについても論戦が行われる。

このような議論を行うことで、地球の温暖化について、より確かな結論を導き出すことが可能になる。また、地球の温暖化とさまざまな事柄との複雑な関係も明らかになり、温暖化のもつ多様な側面についての理解が深まる。

以上、論証と議論について、それらがどのようなものかを簡単に見てきた。直観はこのような論証や議論を行うときにも、絞りこみという重要な役割を果たす。まず、論証について言えば、結論にどんな事柄が関係するか、それらの事柄からどんな筋道で結論を導き出せばよいかは、直観によってその候補を絞る必要がある。関係しうる事柄も、可能な筋道も、ほとんど無数にあると言ってよいから、事柄と筋道の候補を少数に絞らなければ、具体的に考察することは不可能である。

直観はこの候補の絞りこみを可能にする。候補が絞られれば、その絞られた事柄と筋道についてのみ、結論へと至る論証を具体的に組み立て、それらのなかから最善のものを見いだせばよい。論証を具体的に組み立ててみることが、ここでの「読み」に当たる。

議論においても、直観はやはり絞りこみの役割を果たす。ひとつの問題について議論をするとき、その問題に関係する諸々《もろもろ》の事柄（お互いの見解を支持／否定する証拠や論拠）とそれらのあいだの連関は、やはり直観によってその候補を絞る必要がある。問題に関係する可能性のある事柄と、それらのあいだのありうる連関は、ほとんど無数にあると言ってよいから、候補を絞らなければ、具体的に議論することは実際上不可能である。

直観に乏しい人が議論に参加すると、じっさいは無関係な話にほとんど終始して、議論がなかなか進まないことがある。議論を進めるには、直観による絞りこみが不可欠である。絞りこみがなされれば、その絞りこまれた事柄と連関について、それらが問題をどう解決するかをめぐって、具体的にあれこれ意見を戦わせることができる。議論においては、具体的に意見を戦わせてみることが「読み」に相当する。こうして直観と読みによって有効な議論が可能となるのである。

以上をひと言でまとめると、直観は候補の絞りこみを行うことによって、私たちの物事の理解におおいに貢献するのである。

本章のまとめ

「わかる」というのは、物事を理解することである。物事の理解には、その内容の理解と意味の理解がある。言葉の意味がその使用（働き）であるように、物事の意味もその働き（どのようにして生じ、どんな結果を引き起こすか）である。物事の理解は知識の獲得である。知識には、命題知と技能知がある。命題知は言葉だけで獲得できる。技能知は実践的な練習によって獲得できる。命題知は言葉の意味の知に関係する技能知を基盤にして可能となる。自然言語のほかにも、多様な表現があり、それぞれ独自な仕方で物事の理解に貢献する。視覚的表現は物事を可視化し、数式などは形式的操作を可能にする。直観は、物事の核心の把握と候補の絞りこみを可能にすることで、物事の理解を助ける。

第三章　状況を把握する

1　計画とその限界

緻密な計画

外出したさい、ちょうどお昼なので、その辺で昼飯を食べようと思ったら、ラーメン屋が目に留まった。ラーメンもいいが、もっとほかに美味しいものがあるかもしれない。そう思って、つぎの店を探す。すると、そば屋が目に入った。そばか、それもいいけど、もう少し探してみよう。こうして洋食、とんかつ、お好み焼き、等々、いろいろな店をめぐるが、結局、どれもいまいちで、決められない。探せば探すほど、余計に迷ってしまう。最後は、もう何でもいいや、と思って、眼の前のラーメン屋に入る。そうしたら、そのラーメンはいまいちだった……。

こんな失敗をしないためには、あらかじめ周辺にどんな店があるのかをよく調べ、腹の減り具合や懐具合を勘案して、どの店で何を食べるかをしっかり決めておかなければならない。このような計画を事前に立てておけば、昼飯を求めて当てもなく彷徨《ほうこう》するというような愚は避けられる。

このように計画はたしかに重要である。よく計画してから行動せよと言われることも多い。しかし、なぜ計画は重要なのだろうか。あらためて考えてみよう。まず、その場で考えたのでは間に合わないケースがある。「泥縄」という言葉が示すように、泥棒を捕まえてから縄をなっていては、泥棒に逃げられてしまう。泥棒を捕まえたらどうするかをあらかじめ考えて、縄で縛ることにするなら、縄をなって用意しておかなければならない。事が起こってから対策を考えようとしても、十分考える時間はないし、いい対策を思いついても、準備する時間がない。まさに「泥縄式」の対応になる。

また、計画を立てないと、せっかく行ったことが無駄になることがある。今夜は、コーヒーでも飲みながら、本を読もうと思って、コーヒー豆を買って帰る。しかし、コーヒーミルを探してみると、どこにも見当たらない。そういえば、古くなったので、先日、ゴミに出したのだとハタと気づく。挽《ひ》いてある豆を買うべきだったと後悔しつつ、仕方なくお茶をいれて飲む。せっかく買ったコーヒー豆は無駄になってしまう（腐るものではないのでとってはおけるが）。

さらに、計画を立てないと、やったことが無駄になるどころか、邪魔にさえなることがある。家具の配置換えをしようと思って、机や椅子、本棚を動かしてみる。しかし、やみくもに動かしたりすると、たとえば動かした机が邪魔になって、そこに本棚を置くことができなかったりする。そこで、仕方なく、机を元の位置に戻す羽目になる。家具の配置換えは、結構複雑な作業だ。行き当たりばったりでは、ある移動がつぎの移動の邪魔になることがある。どれをどの順に移動するかの事前のしっかりした計画が必要だ。

「机上の空論」とか「下手の考え休むに似たり」という言葉があるように、現実と嚙《か》み合わない上滑りの思考は、空転するばかりで役に立たない。しかし、現実としっかり嚙み合った思考は、きわめて有用である。家具の配置換えを計画的に行うには、部屋の図面を書いて、どこに机や椅子、本棚を置くかを書きこみ、それらをそこに移動するためには、どの順にどのルートで動かすかを具体的かつ詳細に決めなければならない。それはまさに「机上」で綿密に行わなければならない。そのような「机上」の緻密な計画があってはじめて、効率的な配置換えが可能になる。

もちろん、計画を立てるには、それなりの時間と労力がかかる。場合によっては、とくに計画を立てずに、適当に場当たり的にやったほうが早く楽にできるかもしれない。汚れた食器を洗浄機に入れるとき、どれをどの順にどこに置くかをあらかじめ決めるのは、非常にむずかしい。そんなことをあれこれ考えるより、適当に入れて、うまく行かなければやり直すようにしたほうが、はるかに早いし、楽である。

とはいえ、たいていは計画的にやったほうが効率的である。家具の配置換えについて計画を立てるのは、なかなか手間暇のかかる作業だが、計画を立てたほうが早く楽にできる。重たい机や本棚を動かすのは時間と労力がかかるし、それを何度もやり直すのは耐えがたい。そのような試行錯誤を図面上で行うことができるのは、私たち人間の恵まれた才能だ。計画はそのような才能を活かした人間独自のすぐれた営みなのである。

完全な計画は可能か

たしかに計画は重要だ。しかし、読者のみなさんもおそらく身に染みているように、どれほど緻密に計画を立てても、必ず想定外のことが起こる。

たとえば、さまざまな可能性をよく考えて周到に計画を立て、そのうえで銀行強盗を決行したとしよう。ところが、銀行の床にたまたまバナナの皮が落ちていて、それで滑ってあっけなく捕まってしまう。もちろん、バナナの皮が銀行の床に落ちていることはまずないが、その可能性はけっしてゼロではない。完全な計画を立てようとすれば、どれほど確率の低い出来事でも、それが生じたときの対策を考えておかなければならない。

しかし、生じる可能性のあることは、きわめて確率の低いものまで含めれば、ほとんど無限にあると言ってよい。たとえば、銀行強盗中に、赤ちゃんが突然泣きだして、その声で外にいる仲間と連絡がとりづらくなるとか、行員の尋常ならざる悲鳴に驚いて腰を抜かす、運転を誤った車が銀行に突入してくるなど、可能性は低くても、けっして起きないとは言えない。さらには、ミサイルの飛来や隕石《いんせき》の落下といった出来事すら、確率はゼロではない。このようなほとんど無数の起こりうる事柄をすべて考慮することは、私たち人間には実際上不可能である。

したがって、どれほど緻密な計画を立てるとしても、きわめて確率の低い事柄は無視せざるをえない。ミサイルの飛来や隕石の落下は、確率がゼロではないとはいえ、起こらないものとして考慮の外に置くほかない。

ただし、厳密に言えば、どの事柄を無視するかは、それが生じる確率だけで決まるわけではない。生じる可能性のある事柄のうち、銀行強盗の成功を大きく妨げるものもあれば、そうでないものもあるだろう。つまり、事柄によって、それが生じたときにどれだけ成功を妨害するかが異なる。これを「妨害量」の違いとよぶことにしよう。妨害量の大きい事柄ほど、それが生じたときに成功を大きく妨げる。

銀行強盗中にバナナの皮ですべって転ぶことは、きわめて確率が低いとはいえ、それが生じれば、ほぼ確実に捕まる。したがって、その妨害量はかなり大きい。これにたいして、行員の尋常ならざる悲鳴は、ある程度の確率で起こるとはいえ、それほど銀行強盗の遂行に支障を来《きた》さないだろう。したがって、その妨害量はあまり大きくない。

このような妨害量が、どの事柄を無視するかに関係してくる。バナナの皮による転倒が行員の尋常ならざる悲鳴よりもはるかに確率が低いとしても、それらの確率とそれぞれの妨害量を掛けあわせた値（妨害の「期待値」とよばれる）は、バナナの皮による転倒のほうが大きいかもしれない。そうだとすれば、バナナの皮による転倒のほうが、銀行強盗の成功をより大きく妨げることになろう。そうであれば、行員の尋常ならざる悲鳴を無視して、バナナによる転倒のほうを考慮に入れることになるだろう。つまり、どの事柄を無視するかは、その事柄が生じる確率だけではなく、その確率と妨害量を掛けあわせた値（つまり妨害の期待値）によって決まるのである。

以上、厳密を期すために、少し込み入った話をしたが、ともかく重要なことは、どれほど緻密な計画を立てるにせよ、完全な計画を立てることは不可能だということである。起こる可能性のある事柄はほぼ無限にあり、そのすべてを考慮することはできないから、一部の事柄は起こらないものとして無視するしかない。つまり、想定外とするしかない。しかし、想定外の事柄も、生じる確率がゼロでない以上、起こりうる。そして、もしそれが起これば、計画はおそらく失敗するだろう。したがって、絶対に失敗しない完全な計画を立てることは不可能なのである。そこには、計画を立てることは重要だが、完全な計画を立てることはできないというジレンマがある。このことはよく頭に入れておいたほうがよいだろう。

2　状況に応じて行為を決める

アジャイル

前節で説明したように、完全な計画が不可能だとすれば、少なくともある程度は、その場で対処していくしかない。その場の状況を見ながら、その場で考え、その場でどうするかを決める。その場で考えていては間に合わないこともあるから、そのようなことについては、あらかじめ計画を立てる必要がある。しかし、その場で考えても間に合うことは、その場で対処すればよい。たとえば、複雑な迷路のようになった地下鉄の駅に初めて行くときは、あらかじめ地図を見て出口を調べておいたほうがよいだろうが、初めてでないときは、事前に調べなくても、たいていそれほど迷わずに出口を見つけることができる。

どのような状況になるのかがよくわからないときに計画を立てるのは、起こりうるさまざまな状況を想定しなければならないから、本当にたいへんである。それぞれの状況のもとでいちいちどうするかを決めていかなければならないので、その計画は複雑かつ膨大なものとなろう。しかも、想定した状況のほとんどはじっさいには起こらないから、せっかく立てた計画も、その大部分は活用されず、無駄となる。

そうだとすれば、むしろ計画を立てず、その場で対処するほうがよいのではないだろうか。たしかに事前の計画が必要な場合もあるが、積極的にその場の対処に任せるほうがかえって効率がよいことも多い。

このような考えにもとづいて最近よく用いられるようになった言葉が「アジャイル(agile)」である。この言葉は、辞書的には「機敏な」とか「身軽な」を意味するが、コンピュータのソフトウェアの開発において、従来とは異なる新しい開発手法を表すのに用いられるようになった。すなわち、ソフトウェアを開発するさいに、初めからすべての工程にかんして綿密な計画を立てるのではなく、まずは小さな単位で試しながら、試行と修正を繰り返してソフトウェアの全体を完成させていくという手法である。

このソフトウェアの開発における用法が拡張されて、「アジャイル」という言葉は、いまでは行動一般にかんして用いられるようになった。すなわち、何らかの行動をしようとするとき、事前にきちんと計画するのではなく、進行中のその時々の状況に応じて適当にどうするかを決め、うまく行かなければ修正を行うといったことを繰り返して、行動全体を完遂するというやり方が「アジャイル」とよばれるようになったのである。

仕事の打合せのなかで「アジャイルで行こう」と言われた場合、それはようするにその場でやりくりしようという意味である。私たちはついつい、しっかりした計画を立てて、絶対に失敗しないようにすべきだと考えがちであるが、そのような緻密な計画を立てることは、実際上ほとんど不可能であるか、あるいはきわめて効率が悪い。緻密な計画にこだわるのは、失敗にたいする「病的な恐怖」によるところが大きい。

たとえば、恐ろしくて飛行機に乗れない人がたまにいる。そのような人は飛行機の安全性を十分理解していても、飛行機に乗るのを恐れる。たしかに危険な状況で恐怖を抱くのは適切であり、それは逃げるといった行動を引き起こして、じっさいに害を被ることを防いでくれる。しかし、危険でない状況で恐怖を抱くのは不適切である。それは害の未然の防止に役立たないどころか、有益な行動を妨げもする。飛行機への恐怖は、このような病的な恐怖である。

最近、「正しく恐れよ」とよく言われる。放射能に汚染された食品であっても、汚染度は低く、健康に影響はないのに、恐ろしくて食べられない人がいる。このような人は、危険度に見合った「正しい恐れ」ではなく、それに見合わない病的な恐怖を抱いているのである。

緻密な計画へのこだわりも、失敗への病的な恐怖に支配されている可能性が高い。緻密な計画を立てなくても、アジャイルでやっていけば、失敗することはほぼないにもかかわらず、失敗を恐れて、可能なかぎり緻密な計画を立てようとする。たとえ計画を立てるのが無駄であり、その場で適当にやってもうまくやれるということを頭でよく理解していても、どうしても失敗への恐怖がなくならない。こうして計画を立てずにはいられないのである。

アジャイルで行くことは、一見、いい加減で、行き当たりばったりのようにみえるかもしれないが、計画を立てるよりも、アジャイルで行くほうが効率的で、成功する確率が高い場合もある。だからこそ、アジャイルで行くのである。私たちがアジャイルではなく、しっかりした計画に向かいがちなのは、アジャイルがいい加減で失敗の可能性が高いからではなく、むしろ失敗への病的な恐怖があるからである。あえてアジャイルで行くことは、そのような病的な恐怖の克服にもつながる。

もちろん、アジャイルが重要だと言っても、計画がいっさい無用だというわけではない。過度に緻密な計画は無用だが、適度な計画は効率の面でも、成功率の面でも、重要である。結局、適度な計画を立て、あとはその場のやりくりに任せることが大切だ。つまり、計画とアジャイルの適切なバランスが何と言っても重要なのである。

臨機応変

アジャイルでやっていくには、その場の状況に応じて的確に対処する能力、つまり臨機応変の能力がなければならない。ヒーローはたいていこの能力に秀でている。『007』のジェームズ・ボンドは、ビルの屋上や水上などでじつにスリリングな戦いを見せるが、どんなに窮地に陥っても、手持ちの小道具やその場にある物を巧みに利用して、きわどく危機を脱していく。そんなに都合よく小道具や物があるわけないだろうと思いつつも、俊敏な対応能力に感心させられる。

このような臨機応変の能力は身体知の一種である。それは身体で覚えた知であり、脳だけではなく、身体にも刻みこまれた知である（詳しくは第一章第2節を参照）。ただし、身体知のすべてが臨機応変の能力だというわけではない。たとえば、舗装した道路でしか自転車に乗れないとしよう。このとき、自転車に乗る身体知をもっていると言えるが、臨機応変の能力をもっているとは言えない。砂利道でも、芝生の上でも、でこぼこ道でも、それらに対応してうまく自転車に乗ることができてはじめて、臨機応変の能力があると言える。ボンドのような臨機応変の能力は、身体知のなかでも、多様な状況に対応できるようなタイプの身体知、すなわち「多面的身体知」なのである。

私たちは、ボンドには遠く及ばないにせよ、多少なりとも、このような多面的身体知をもっている。混雑した駅では、いろいろな人とさまざまな仕方でぶつかりそうになるが、たいていうまくよけることができる。会社にいけば、上司や同僚など、さまざまな人から挨拶されるが、相手に応じて適切に挨拶を返すことができる。このような多面的身体知をほとんど無意識的に行使することで、私たちの日々の生活は成り立っている。

ところで、臨機応変の能力には、このように状況に応じて適切に「行動する」能力だけではなく、状況に応じて適切に「考える」能力も含まれる。こちらは身体を動かす能力ではないので、身体知ではないが、臨機応変の能力のひとつである。

たとえば、紅葉の季節に「そうだ、京都に行こう」と思い立ち、家を出る。計画と言っても、新幹線で行くというきわめておおまかな計画しか立てていない。駅に着いて、自由席にするか、それとも指定席にするか考える。混み具合を調べてみると、自由席は座れないようだが、指定席は一時間後にしか空いていない。早く行きたい。まあ、座れなくてもいいかと思って、自由席の切符を買う。

こんな調子で、その場、その場で、適当に考えて、やりくりしていく。そうすれば、たいした計画を立てなくても、無事に京都にたどりつける。ここでは、状況に応じて適切に考えるという臨機応変の能力が大きく物を言う。

その場の状況に応じて考える能力も、行動する能力と同じく、訓練や実地経験によって鍛えることができる。人によって臨機応変の思考能力に違いがあるのも、生まれつきの素質の違いもあるだろうが、訓練や実地経験の違いによるところが大きい。

私が数人の友人と一緒に北京《ぺきん》に行ったとき、夕飯を食べに街中のレストランに入ったことがあった。私たちは誰も中国語ができなかったが、英語が多少通じるだろうと思っていた。しかし、残念ながら、英語もまったく通じなかった。そのとき、一人が紙に漢字を書いて店員に見せたところ、見事に通じた。私はそんなことを思いつきもしなかったので、彼の機転におおいに感心した。どうしてそんな機転が利いたのかと聞いてみたところ、彼は似たような状況を経験したことがあると言った。

思考における臨機応変の能力も、行動におけるそれも、訓練や実地経験によって育《はぐく》まれる。したがって、訓練や実地経験の違いによって、臨機応変の能力にも個人差がある。自分の臨機応変の能力を見誤ると、その場で適切に対処できず、立ち往生することになる。アジャイルでやるときには、自分の臨機応変の能力を正しく自覚することが重要である。自分には臨機応変に対応する能力があまりないと思えば、アジャイルの部分を減らして、計画の部分を手厚くしなければならない。つまりは、臨機応変の能力を正しくわきまえたうえで、計画とアジャイルのよいバランスをとることが肝心なのである。

3　関連性をつかむ

フレーム問題

前節では、状況に適切に対応する能力が大事であることを見てきた。この能力にはいろいろな側面があるが、ここではそのうちのひとつの重要な側面に注目して、詳しく見ていこう。それは何らかの課題を状況に応じて適切に遂行しようとするときに、課題に関連する事柄を素早く把握する能力である。

ある課題をその場の状況に応じてうまく遂行するためには、状況の何が重要で、何がそうでないかをきちんと把握する必要がある。つまり、課題の遂行に関連する事柄とそうでない事柄をしっかりと見極めて、関連する事柄を考慮し、そうでない事柄を無視しなければならない。なぜなら、関連する事柄を考慮しないと、失敗する可能性が高くなるし、関連しない事柄に関わっていては、無駄に時間がかかってしまうからである。

課題の遂行に関連する事柄をいかに効率的に見いだすか。これを「フレーム問題」とよぶ。この問題は人工知能（ＡＩ）に課題をうまく遂行させるにはどうすればよいかを考察する過程で浮上してきたものである。人間は関連する事柄をふつう難なく把握できるが、ＡＩにそれをやらせようとすると、なかなかうまくいかない。人間はどのようにして関連する事柄を効率的に把握できるのか。なぜＡＩにはそれがむずかしいのか。フレーム問題は、人間の知能の奥深い謎に関わるため、ＡＩ研究者だけでなく、哲学者によっても盛んに論じられてきた。具体例を挙げて、それがどんな問題なのかを詳しく見ていこう。

コーヒーの入ったカップを台所からリビングに運ぶという簡単な課題を考えてみよう。もちろん、コーヒーをこぼさずに運ばなければならない。カップが傾きすぎると、コーヒーがこぼれるから、カップの傾きはこの課題をうまく遂行するのに関連する。また、台所からリビングへの通路にゴミ箱などが置いてあれば、それにぶつかってコーヒーをこぼす恐れがあるから、通路に障害物がないかどうかもこの課題の遂行に関連する。

しかし、部屋の壁が何色かは関連しない。白だろうと、緑だろうと、コーヒーをこぼさずに運ぶことにまったく影響しない。テレビがついているかどうか、窓があいているかどうか、天井が高いかどうか、ソファーにカバンが置いてあるかどうか、などもふつう関連しない。このほかにも、部屋のなかには、この課題の遂行に関連しない事柄がたくさんある。

このように見てくると、関連する事柄はごく少数であるのにたいし、関連しない事柄は膨大な数にのぼることがわかる。台所とリビングというきわめて狭い空間だとはいえ、その状況を構成する事柄は無数にある。天井の色、床の堅さ、絨毯《じゅうたん》の有無、壁の材質、ソファーの手触りなど、数えだしたら、きりがない。しかし、そのうち関連する事柄は、カップの傾きや通路の障害物の有無など、ごく少数である。

状況を構成する事柄は無数にあるから、やみくもにそのすべてについて関連性を調べていては、途轍《とてつ》もない時間がかかってしまう。そこで、関連する事柄がごく少数であることに着目して、それらの少数の事柄をあらかじめリストにしてまとめておけばよいのではないだろうかという考えが浮かぶかもしれない。コーヒーを運ぶ課題では、カップの傾きと通路の障害物の有無だけが関連するから、このふたつの事柄をあらかじめリストにしておき、この課題を遂行するときにそのリストを参照すれば、ただちに関連する事柄がわかり、関連しない事柄に煩わされることはないというわけである。

課題の遂行に関連する事柄をまとめたリストを課題の「スキーマ」とよぶ。このスキーマによって、フレーム問題は容易に解決できるようにみえる。課題のスキーマをあらかじめ作成しておいて、課題の遂行時にそれを参照すれば、関連する事柄がただちにわかるからだ。

しかし、スキーマはうまくいかない。そしてそれがうまくいかないところに、フレーム問題の真の困難さが存在する。人間にはフレーム問題が容易に解決できるのに、ＡＩには解決できないのも、そのような困難さが存在するからである。説明しよう。

課題の遂行に関連する事柄がその課題を遂行する状況によって変わらないとすれば、スキーマによる解決はうまくいく。関連する事柄がつねに同じだから、それらをスキーマにまとめておけば、どんな状況で課題を遂行するにせよ、スキーマを参照することでただちに関連する事柄がわかる。

しかし、関連する事柄は状況によって変わる可能性がある。雨が降っているかどうかは、コーヒーを運ぶ課題の遂行にはふつう関連しないが、もしかりに雨漏りのする家であれば、雨水が頭に滴り落ちてきて、その拍子にコーヒーをこぼすかもしれない。したがって、雨漏りのする家でこの課題を遂行する場合は、雨が降っているかどうかも関連する（かなり特殊な状況であるが）。

関連する事柄が状況によって変わることを「関連性の状況依存性」とよぶことにしよう。この状況依存性こそがフレーム問題の核心である。ここで、ひょっとすると、状況によって関連性が変わるのであれば、状況ごとにスキーマを作成しておけばよいではないかと思われるかもしれない。しかし、この対策もうまくいかない。状況がほとんど無数に存在するからだ。さきに見たように、コーヒーを運ぶという簡単な課題でさえ、状況を構成する事柄はほとんど無数にあり、事柄がひとつでも違えば、異なる状況となるから、状況の数はほとんど無数である。このような無数の状況ごとにスキーマを作成するのは実際上不可能である。これはすべての可能性を考慮した完全な計画を立てることが不可能だということに通じる話であろう。

関連性の状況依存性にどう対処するか。これがフレーム問題の核心であり、人間は難なく対処しているが、ＡＩに対処させるのは途方もなく困難である。じっさい、ＡＩはフレーム問題をいまだに解決できていないのである。

際立ち

では、人間はどのようにして関連性の状況依存性に対処しているのであろうか。コーヒーを運ぶ課題をさまざまな状況で遂行するさいに、それぞれの状況での関連する事柄をいかにして効率的に把握しているのだろうか。誰もがあたりまえにやっていることがどのようになされているのかを理解するのは結構むずかしいが、それを考えてみよう。

人間の場合、関連する事柄を効率的に把握するのに、情動が大きな役割を果たしているように思われる。情動は一般に状況の価値のあり方を示す。たとえば、恐怖は自分の置かれた状況が危険であることを示し、悲しみは大切なものが失われたことを示す。フレーム問題では、このような働きをする情動のうち、とくに興味・関心の情動が重要な役割を果たしていると考えられる。説明しよう。

私たちがある課題を何らかの状況で遂行するとき、その状況において課題に関連する事柄は、当然、私たちの興味・関心の的となる。そのため、関連する事柄はおのずと私たちにたいして際立って立ち現れてくる。しかし、そうでない事柄は、興味・関心の的にならないから、背景に沈む。つまり、興味・関心という情動によって、関連する事柄とそうでない事柄が、「前景」と「背景」、あるいは「図」と「地」として、おのずと区別されるのである。

雨漏りのしないふつうの家でコーヒーを台所からリビングに運ぶときには、カップの傾きと通路の障害物の有無がおのずと際立ち、それ以外の事柄は背景に沈む。しかし、雨漏りのする家では、雨が降っているかどうかも、際立ってくる。また、床がよく磨かれていてすべりやすい家なら、床の状態が際立ってくる。

関連する事柄が興味・関心の的として際立ち、そうでない事柄が背景に沈むとすれば、関連する事柄を効率的に捉えるのは容易である。際立つ事柄だけを捉えればよい。それぞれの状況において関連するかしないかの区別は、興味・関心の情動によってすでになされている。あとは、その区別に従って、関連する事柄を取り上げればよいだけである。

人間は興味・関心という情動によってフレーム問題を解決していると考えられる。これはまだ科学的に十分実証されているわけではないが、哲学では有力な説として唱えられている。ただし、このような情動によるフレーム問題の解決はけっして万能ではない。なぜなら、人間は情動的な際立ちによって、課題に関係するものとそうでないものをありとあらゆる状況で区別できるわけではないからである。まったく経験したことのない状況では、課題に関連する事柄がおのずと際立ってはこない。そのため、人間もまた途方にくれる。

たとえば、床に落とし穴があったり、壁をすり抜けたりするような特殊な仕掛けが施されている忍者屋敷に初めて入って、そこでコーヒーを運ばなければならないとしよう。このとき、カップの傾きや通路の障害物の有無は際立つが、床の落とし穴などのその他の関連する事柄は際立たない。そのため、何に注意すればよいかがよくわからず、途方に暮れるのである。

あるいは、経験したことのない状況なのに、そのことに気づかず、経験したことのある状況だと感じてしまうことがある。このような場合も、うまくいかないことが多い。ただし、このときは、経験した状況だと感じているので、何に注意すればよいか途方に暮れることはない。自信をもって、際立つ事柄に注意し、際立たない事柄を無視する。しかし、じっさいは経験したことのない状況なので、無視した事柄のなかに関連するものがあることも多い。そのため、失敗する可能性が当然高くなる。忍者屋敷の例で言えば、じっさいはさまざまな仕掛けがあるのに、ふつうの家だと勘違いして、自信をもってコーヒーを運んでいると、急に床が揺れてこぼしてしまうということになりかねないのである。

人間の場合、情動的な際立ちによるフレーム問題の解決はけっして万能ではないが、多くの状況において関連する事柄を効率的に捉えることを可能にしてくれる。人間によるフレーム問題の解決をこのように情動の観点から理解すれば、なぜAIにはこの問題の解決がむずかしいかということも、容易にわかる。それはAIに情動をもたせることがむずかしいからである。情動をもつAIはいまだに開発されていない。そのため、いまのAIは、人間と違って、興味・関心という情動によってフレーム問題を解決することができないのである。

AIがやがて情動をもつようになれば、AIも人間のように、フレーム問題に悩まされることはなくなるだろう。しかし、情動はおそらく生命をもつものに特有の心の働きであろう。生命をもたないものが喜びや悲しみ、恐怖や不安を抱くことができるだろうか。生命をもつものだけが情動を抱くとすれば、生命体でないＡＩは情動によってフレーム問題を解決することはできない。ＡＩがフレーム問題を解決するためには、情動とは別の方法が必要であろう。しかし、いまのところ、そのような方法はまったく見当もつかない。それゆえ、ＡＩにフレーム問題を解決させるのは、非常に困難なのである。

4　場の空気を読む

状況把握とは

ここまでは、ある状況のもとで何らかの課題を遂行するときに、その課題に関連する事柄をどう効率的に捉えるかを考察してきた。そこでは、課題がすでにあるときに、状況をどう把握するか（状況のなかから課題に関連する事柄をどう見いだすか）が問題になっていた。しかし、私たちはつねに遂行すべき明確な課題を抱えているわけではない。ただ漫然と状況のなかに置かれ、そこから遂行すべき課題が浮かび上がるという場合もある。実生活ではむしろ、最初から課題があるというより、暮らしのなかでふと課題が浮かび上がることのほうが多いかもしれない。このような場合にも、やはり状況の把握が必要である。状況を何らかの仕方で把握することで、それに応じた課題が見えてくる。では、遂行すべき課題が明らかでない場合、私たちはどのようにして状況を把握し、課題に気づくのだろうか。

前節では、すでに決まっている課題を遂行するさいに、興味・関心という情動の働きによって、課題に関連する事柄が捉えられるのだと説明した。しかし、その説明では、ひとつ省略したことがある。関連する事柄の把握には、じつは情動だけではなく、知覚（視覚、聴覚などによる事実の把握）も重要な働きをしている。それはあまりにも当然のことなので省略したのだが、たとえば、コーヒーを運ぶさいに、カップ、通路、壁、テレビなどがきちんと見えているからこそ、カップの傾きや通路の障害物の有無が際立ち、それ以外は背景に沈むという情動的な区別も成立するのである。関連性の区別は知覚と情動の協働によって成り立つ。

すでに決まった課題を遂行する場合にかぎらず、どんな場合でも、状況を把握するためには、知覚と情動が協働しなければならない。少しまどろっこしい話になるが、丁寧に述べておきたいので、ついてきてほしい。私たちはまず、状況を知覚して、そこでどのような事実が成立しているかを捉える。たとえば、そこにイヌがおり、唸《うな》り声をあげていることを、眼で見て、耳で聞いて、知覚する。しかし、そのように知覚するだけでは、状況の把握にはまだならない。知覚された状況が価値的にどのようなあり方をしているのかを捉える必要がある。イヌが唸り声をあげていることにたいして、それを危険だと捉えなければ、状況を把握したことにならない。イヌが危険であることは、イヌに恐怖を抱くことによって捉えられる。このように知覚が状況の事実のあり方を捉え、それにもとづいて情動が価値のあり方を捉えるということによって、状況の把握が成立するのである。

ようするに、状況を把握することは、知覚と情動の協働によって、状況の事実のあり方と価値のあり方を捉えることである。おそらく事実のあり方を捉えることは当然のことだろうから、ここで強調すべきは価値のあり方のほうである。状況の価値のあり方を捉えることには、「場の空気を読む」ことも含まれる。場の空気が読めない人でも、その場の事実のあり方は知覚によってたいてい捉えているが、価値のあり方を情動によって捉えていない。だからこそ、空気が読めないと言われるのである。

ただし、状況の事実のあり方はふつう誰にとっても共通であるが、価値のあり方は人によって異なることも多いだろう。眼の前でイヌが唸り声をあげていても、それはイヌの扱いに慣れた人にとっては、噛まれたりすることはないだろうから、危険ではない。あるいは、ふつうの人でも、車のなかにいれば、やはり噛まれたりすることはないので、危険ではないだろう。このようにイヌが危険かどうかは、イヌに直面した人がどのようなあり方をしているかによって変わってくる。したがって、たんにイヌが危険かどうかではなく、イヌが誰にとって危険なのかを問題にしなければならない。

状況の価値のあり方が人によって異なるとすれば、同じ状況（人のあり方以外の点で同じ状況）に置かれても、抱くべき適切な情動は人によって異なるだろう。

通常なら、歩いているときに唸り声をあげるイヌに直面すれば、そのイヌは危険であり、それゆえ恐怖という情動を抱くのは適切である。しかし、車のなかにいる人の場合、同じようにイヌに直面しても、そのイヌは危険でないから、恐怖の情動を抱くのは不適切である。たしかに車のなかにいても、イヌが嫌いな人なら、唸り声をあげるイヌにおのずと恐怖を抱いてしまうかもしれない。しかし、恐怖は危険な状況にたいして抱くべき情動であるから、車のなかにいる人が恐怖を抱くのは不適切である。このような人は自分の置かれた状況を情動によって正しく把握できていないのである。

また、ある状況にたいして、その価値のあり方を同じように捉えても、そこからどう行動するかは人によって異なることがある。恐怖によってイヌを危険だと捉えても、ある人はイヌから逃げようとするかもしれないが、ある人はイヌと闘おうとするかもしれない。イヌと闘う人にとっても、イヌはたしかに危険であり、それゆえイヌに正しく恐怖を抱いているが、それでも逃げずに闘うかもしれない。たとえば、小さな子供と一緒の母親は、その子供を連れて逃げることができないために、恐怖に震えながらも、イヌに立ち向かっていくかもしれない。イヌにどう対処するかは、イヌへの恐怖だけではなく、この場合は小さな子供への愛情も関係してくるのである。

場の空気を読む場合についても、同じことが言えるだろう。場の空気が読めないために、みなと同じように行動しない人もいるが、場の空気が読めるのに、あえて同じ行動をしない人もいる。たとえば、議論を始めると決着がつかなくなるので、みな、黙っているが、そのようななかで敢然と議論を始める人がたまにいる。その人も、決着がつかなくなることはわかっているのだが、それでも議論をして、問題を明らかにすることのほうが大事だと感じるのである。

空気が「読めないのではなく、読まないのだ」と言われることがある。それはまさしく、空気は読めるが、みなと同じようには行動しないということである。どう行動するかは、その場の空気を読むだけでは決まらず、その他の価値のあり方をどう捉えるかということも関係してくるのである。

実存的感情

これまで説明してきたように、私たちはさまざまな知覚や情動を形成することで、いま自分が置かれた状況の事実のあり方や価値のあり方を捉えている。じつは、この背後には、そのような状況の把握を根底から規定している心の働きがある。それは「実存的感情」とよばれるものである。

実存的感情は情動の一種と言えるが、恐怖、喜び、怒り、悲しみなどの通常の情動と違って、そのときどきの状況に応じて生じるというよりも、状況が多少変化しても一貫して存続する心の働きである。この心の働きが、私たちの知覚や情動に深いところで影響を及ぼす。具体的に説明していこう。

私たちは、日々の慣れ親しんだ生活のなかでは、いろいろなことを円滑にこなすことができる。ときには驚くようなことも起こり、それに対処するのに手間取ることもあるが、基本的には物事や出来事にスムーズに対処することができる。このような場合、私たちは世界にたいして「親しみ」という実存的感情をもっているのである。そのような感情をもっていることに気づかないかもしれないが、意識の背後で、この親しみの実存的感情が脈々と働いているのである。

親しみの実存的感情は、それが失われてみると、その存在にはっきり気づくことになる。新しい場所に引っ越して新たな生活を始めると、慣れるまでの数カ月間くらいは、すべてがしっくりこず、何かよそよそしい感じがするだろう。そこでは、親しみに代わって、「疎外」の実存的感情が働いている。親しみから疎外へと実存的感情が変わるときは、疎外がはっきりと意識的に感じられ、そこからひるがえって、それまでは親しみの実存的感情があったことに気づくだろう。

疎外の実存的感情も、新しい環境に慣れてくると、親しみの実存的感情に変わる。このように、実存的感情もけっして不変ではない。しかし、それは状況に応じてそのつど変化するのではなく、ある程度の期間、状況の変化を通じて一貫して持続する。そしてそのような実存的感情から影響を受けながら、私たちはそのときどきの状況に応じてさまざまな知覚や情動を形成するのである。

親しみの実存的感情をもつとき、世界は私たちにまさに親しいものとして立ち現れ、安心して生きられる場だと感じられる。このような世界のなかで、私たちが知覚や情動を形成するとき、知覚や情動によって捉えられる物事もやはり親しいものとして立ち現れる。唸り声をあげるイヌはたしかに恐ろしいが、そのような恐怖を抱きつつも、イヌの存在が自分の安全な生を根本から覆すことはないと感じるのである。その意味でなお、それは親しいもの（つまり想定内のもの）として立ち現れる。

しかし、これまで経験したことのない大津波のような想定外の出来事に襲われれば、親しみの実存的感情も一気に吹き飛んでしまうだろう。大津波のあとの世界は、たんに無残で痛ましいものとして立ち現れるだけではなく、よそよそしいものとして立ち現れ、底知れぬ不気味さを湛《たた》えたものに感じられるだろう。無残さや痛ましさの知覚・情動も、このような疎外の実存的感情のもとで、津波に破壊された状況を知覚的・情動的に捉えることから生まれてくる。もし大津波を経験しても、親しみの実存的感情を失わないような人であれば、破壊された状況を知覚的・情動的に捉えたとき、たんなる無残さや痛ましさではなく、復興の可能性を秘めた無残さや痛ましさが立ち現れてくるだろう。

実存的感情は、状況が変化しても、ある程度の期間、持続するが、まったく不変というわけではない。どんな場合にどう変化するかは、人によって異なりうる。しかし、いずれにせよ、私たちは何らかの実存的感情をもち、それが深いところで私たちの知覚や情動に影響を及ぼしている。したがって、私たちの状況の把握はそのような実存的感情を根源的な基盤として成立しているのである。

本章のまとめ

計画は重要だが、すべての可能性を考慮した完全な計画は不可能である。ある程度は、その場で考えて行動する（「アジャイル」で行く）しかない。そのため、その場の状況に応じて臨機応変に対処する能力が重要となる。何らかの課題を遂行する場合は、状況に応じてうまく課題を遂行するために、課題に関連する事柄を効率的に把握することが必要となる。人間はこの「フレーム問題」を興味・関心の情動によって解決する。情動をもたない人工知能には、フレーム問題の解決がむずかしい。遂行すべき課題がとくにない場合は、状況を適切に把握して課題を見いだすことが必要となる。このような状況の把握は知覚と情動の協働によってなされ、その根底には「実存的感情」が働いている。

第四章　人間特有の知とは何か

1　徳

倫理的徳と知的徳

これまでの章で、人間にはさまざまな知のあり方があることを見てきた。本章では、とくに人間に特有の知のあり方を見ていこう。

あの先生は「徳がある」から、みなに尊敬される。不始末を起こした会社の社長が「私の不徳のいたすところです」と言って謝罪する。このようなことを眼にしたことがあるだろう。ここで言われる「徳」は明らかに人間に特有のものであろう。イヌやネコに「徳がある」とか「不徳のいたすところだ」とか言うのは、非常に奇妙であろう。

では、この人間に特有の「徳」とはどのようなものであろうか。それを明らかにするために、古代ギリシアの哲学者アリストテレスが定義した「徳」の意味に着目することにしよう。

アリストテレスによれば、徳とは「卓越した性格」を意味する。私たちはさまざまな性格をもつ。親切、意地悪、鷹揚《おうよう》、短気、勤勉、怠惰、好奇心、無関心など、数えあげればきりがない。このような性格の集まりがそれぞれの人の「人柄」や「人物像」を構成する。徳はさまざまな性格のうち、とくにすぐれたもの（卓越した性格）を意味する。ただし、「悪徳」と言うこともあるように、徳には悪い性格を含めることもある。その場合は、善い性格のほうは「美徳」とよぶ。話が複雑になるので、ここでは、たんに「徳」と言えば、美徳を意味することとする。

徳は大きく「倫理的徳」と「知的徳」に分けられる。まずは前者から見ていこう。倫理的徳は、その名のとおり、倫理的な実践（倫理的な判断や行為）に関わる徳である。具体的には、正義、勇気、節制、慈愛など、さまざまなものがある。私たちは日々、なされた行為について、それを善いとか、悪いとか判断している。また、善いことをして、悪いことをしないようにしている。このような倫理的な判断や行為において中心的な役割を果たすのが倫理的徳である。

たとえば、正義の徳は、ある行為が不正でないかどうか、公平性を欠いていないかどうかを正しく判断することを可能にする。加えて、公正で公平な行為を実行し、そうでない行為を抑制することも可能にする。正義の徳を備えた人は、まさにその徳によって、このような倫理的な判断や行為を正しく行うことができるのである。

倫理的徳を倫理的実践の中心に据えて倫理を理解しようとする立場を「徳倫理学」とよぶ。徳倫理学では、倫理的に善い行為とは、倫理的徳にもとづいて行われる行為のことである。徳がなければ、善い行為もありえない。したがって、たまたま公正なことを行っても、それが正義の徳によるものでなければ、善い行為にはならない。困っている人をたまたま助けても、慈愛の徳にもとづいて助けるのでなければ、善い行為にはならないのである。逆に、たまたま不正をしても、倫理的な徳をもつ人がたまたま何らかの事情でそうしたのであれば、悪い行為にはならない。

このように、徳倫理学では、行為の倫理的な善悪は倫理的な徳によって決まる。これが徳倫理学の大きな特徴のひとつである。たまたま公正なことや不正なことをしても、善い行為や悪い行為にはならない。この点にかなり違和感を覚える人もいるだろう。じっさい、倫理学の別の立場では、行為の善悪をそのようには捉えない。

倫理学には、徳倫理学のほかに、義務論と功利主義というふたつの主要な立場がある。義務論は、行為が人間としての義務（誠実であることや人を傷つけないことなど、人間としてなすべきこと）にもとづいているかどうかで、行為の善悪が決まるとする。一方、功利主義は、行為の結果が善いかどうかで、行為の善悪が決まるとする。このように、倫理的な立場によって、行為の善悪の捉え方はかなり異なる。それでも、私たちの日常の感覚から言って、倫理的な徳が私たちの倫理的な実践において重要な役割を果たしていることは間違いないだろう。

つぎに「知的徳」を見ていこう。倫理的徳が倫理的実践に関わる徳であるのにたいして、知的徳は知識の獲得に関わる徳である。私たち人間の活動はそのほとんどが知識にもとづいて行われると言ってよいくらい、知識が重要な役割を果たしている。図書館に行くにも、ふつう図書館がどこにあるかを知っていなければならないし、自転車に乗るにも、自転車の乗り方を知っていなければならない。このような知識の獲得を可能にするのが、知的徳（知的に卓越した性格）である。知的徳を備えた人は、その徳によって、さまざまな知識を獲得することができる。

知的徳も、具体的には、開かれた心、知的勇気、好奇心、粘り強さなど、たくさんある。たとえば、開かれた心は、自分と反対の人の意見にもよく耳を傾け、自分の考えが本当に正しいのかどうかを多角的に検討するような性格のことであり、それによって正しい考え（すなわち知識）に至ることが可能になる。このような開かれた心をもたなければ、他者の考えを無視して、自分だけの独善的な考えに陥りやすくなる。

また、粘り強さも重要である。それはどんな困難にも負けずに辛抱強く探究を続けていく知的徳である。科学では、何度も実験に失敗して、ようやく成功に至ることが多い。度重なる失敗にもくじけずに、何十回、何百回と実験を続けていくには、粘り強さが不可欠である。科学的な知識は粘り強さという知的徳の賜物《たまもの》と言えよう。

このように、徳には、倫理的な実践に関わる倫理的徳と、知識の獲得に関わる知的徳がある。

適切な情動

倫理的徳と知的徳のいずれにせよ、徳は卓越した性格のことである。では、性格が「卓越している」というのは、いったいどのようなことを指すのであろうか。そのヒントは何事も「適度」がよいということにある。

たとえば、カメラマンが危険な戦争地帯で悲惨な状況を伝えるために写真を撮ろうとするとき、銃弾やミサイルに当たって命を落とす危険に立ち向かっていかなければならない。つまり、そのような「勇気」をもたなければならない。しかし、銃弾が激しく飛び交うなかに突入していったり、ミサイルが落ちそうな場所に一目散に駆けつけたりしては、ほぼ間違いなく命を落とすことになる。このような無謀な行いをするのは、勇気ではなく、「蛮勇」であろう。逆に、銃撃戦がおさまったり、ミサイルが落下し終えたりしたあとに、恐ろしくて現場に駆けつけることができないとすれば、それは「臆病」であろう。

勇気は危険を正しく恐れることにある。状況がどれくらい危険か、その危険の程度に応じて、適度な強さの恐怖を抱き、その恐怖にもとづいて適切に行動するのが、勇気である。蛮勇は危険にたいする恐怖が弱すぎるため、ほぼ確実に死をもたらすような無謀な行動に走らせる。また、臆病は危険にたいする恐怖が強すぎて、惨状を伝える写真を撮れなくさせる。

勇気は弱すぎもせず、強すぎもせず、適度な強さの恐怖を基盤として成立する。そのような恐怖によって、状況の危険性を正しく捉え、それにもとづいて正しい行動を行うことが可能となる。このような勇気は卓越した性格の代表的なものであり、倫理的徳としても、知的徳（「知的勇気」）としても挙げられる。

卓越した性格である徳は、一般に、弱すぎず、強すぎず、その中間の適度な強さの情動を中核として成り立つものである。それゆえ、「中庸の徳」とよばれたりする。

たとえば、正義は不正への適度な怒りという情動を中核とし、節制は事物への適度な欲望という情動を中核とする。不正への怒りが弱すぎると、大きな不正を簡単に赦《ゆる》してしまったり、逆に強すぎると、小さな不正に大きな罰を与えてしまったりする。また、事物への欲望が弱すぎると、たとえば、食欲不振のようにあまり食べられなくなったり、逆に強すぎると、暴飲暴食に走ったりする。

ただし、適度な情動を抱いても、それにもとづく行動がつねに成功するとはかぎらない。必ず不確実な要因がある以上、失敗する可能性がつねに残るからだ。さきの例で言えば、戦争地帯で適度な恐怖を抱いて、細心の注意を払いながら、惨劇の現場を撮影しようとしても、たまたま飛んできた銃弾に不運にも倒れるということは起こりうる。徳のある人といえども、つねにうまくいくとはかぎらないのである。

ここまで、徳の中核をなす情動は適度な強さでなければならないという話をしてきたが、そのまえに、じつはひとつ重要なことがある。すなわち、徳の中核をなす情動は、そのときどきの状況のあり方にふさわしいものでなければならない。状況のあり方にふさわしいタイプの情動であってはじめて、その強さが問題となるのである。

たとえば、危険な状況にたいして恐怖ではなく、喜びを抱いてしまったとしよう。この喜びは危険な状況にふさわしいタイプの情動ではない。したがって、その喜びがどれほど強くても、強すぎることにならないし、また、どれほど弱くても、弱すぎることにならない。そもそも状況にふさわしくなければ、強すぎるとか、弱すぎるとかは問題にならないのである。情動の強さが問題となるのは、状況にふさわしいタイプの情動を抱いたときである。危険な状況にたいして恐怖の情動を抱いてはじめて、その強弱が問題となりうる。

もうひとつ、例をあげておこう。友人が不慮の事故で亡くなったとき、悲しみの情動を抱いたとしよう。これは友人の死にふさわしいタイプの情動だから、その強弱が問題となりうる。ごく弱い悲しみなら、おそらく弱すぎるだろうし、長いあいだ立ち直れないほどの強い悲しみなら、たぶん強すぎるだろう。その中間が適度な強さとなるだろう。しかし、もし友人の死にどういうわけか嫉妬を感じたとすれば、その強弱は問題になりえない。嫉妬は友人の死にふさわしいタイプの情動ではないから、強すぎるとか、弱すぎるとかいうことは（そして適度だということも）意味をなさないのである。

このように、状況にふさわしいタイプの情動を抱いてはじめて、その強弱が問題となりうる。情動が適切であるためには、状況にふさわしいタイプで、かつ適度な強さでなければならない。このような適切な情動が徳の中核をなすのである。

ところで、さきほど、喜びは危険な状況にふさわしいタイプの情動ではないと述べたが、これにたいして「危険を喜ぶ」というようなこともあるではないかという反論が返ってくるかもしれない。たとえば、スカイダイビングはたいへん危険だが、それを喜んでやる人たちもいる。その人たちはまさに危険を楽しんでいるのであり、その喜びはけっして危険な状況にふさわしくないわけではなく、まさにそれにふさわしいタイプの情動ではないか。

たしかに、一見、スカイダイビングの場合、危険への喜びが状況にふさわしい情動であるように思われるかもしれない。しかし、よく考えてみれば、スカイダイビングは本当に危険なのだろうか。スカイダイビングの技術を習得していない人がいきなりスカイダイビングをすれば、それはたしかに危険である。しかし、その技術を習得した人がスカイダイビングをするなら、それはたいして危険ではない。突如、強風に煽《あお》られて、落下するという不運に見舞われる可能性もあるが、それは道路を歩いているときに、自動車事故にあう可能性があるのとそれほど変わらない。

スカイダイビングは、その技術を習得した人にとっては、とくに危険ではない。それはむしろワクワクする状況であり、それゆえワクワク感という情動が生じていると考えられる。そうだとすれば、スカイダイビングにおいては、けっして危険にたいして喜びが生じているわけではなく、ワクワクする状況にたいしてワクワク感が生じているのである。

それぞれの状況には、その状況のあり方にふさわしいタイプの情動がある。適切な情動とは、状況のあり方にふさわしく、かつ適度な強さであるような情動のことである。徳はこのような適切な情動を中核とする。したがって、徳のある人は、状況のあり方にふさわしいタイプの情動を適度な強さで抱くので、倫理的な判断や行為をしたり、知識を獲得したりするさいに、成功する可能性が高いのである。

徳は人間にのみ見られ、他の動物には見られない。徳が人間に特有であるのは、徳の中核をなす適切な情動が人間に特有だからである。人間以外の動物でも、情動をもつものはたくさんいる。しかし、人間ほど豊かできめ細やかな情動をもつものはいない。人間は大脳が非常に発達しているので、状況をきめ細かく把握でき、それゆえ多くのきめ細やかな情動をもつことができる。徳の中核をなすのは、このような人間に特有のきめ細やかな情動なのである。

2　真理の探究と課題の解決

なぜ真理を求めるのか

私たちの知的活動は多岐にわたるが、そのなかからとくに知的徳が重要な働きをするふたつの活動に注目しよう。真理の探究と課題の解決である。このふたつの活動において知的徳がどのような働きをするかを見ていこう。

まず、真理の探究から見ていく。真理の探究は、たとえば、事件の真相を解明したり、事故の原因を明らかにしたりする知的活動である。それはようするに、何が真なのかを明らかにするものである。何が真なのかが明らかになれば、知識が獲得されることになるから、真理の探究は知識の獲得につながる。事故の原因が明らかになれば、その事故がどのようにして起こったのかについての知識が得られる。このような真理の探究において、知的徳はどんな働きをするだろうか。

さきに知的徳のひとつである「開かれた心」について簡単に触れた。開かれた心とは、自分と異なる考えの人の意見にも真摯に耳を傾けることであり、独善に陥るのを防ぎ、正しい考えに至ることを可能にする。

しかし、人の意見を聞くことが重要だといっても、意見が多すぎる場合がある。たとえば、地球温暖化の問題について、私はそれを阻止するために、二酸化炭素の排出量を減らすべきだと考えているとしよう。これにたいして、そもそもこのままでも地球は温暖化しないと考える人や、温暖化してもそれほど大きな害はないと考える人もいるし、さらに、二酸化炭素の排出量を減らさなくても、温暖化を阻止する新しい技術がいずれ開発されるだろうと考える人もいる。このようにほとんど無数と言ってもいいくらい多くの意見があるような場合には、すべての意見に耳を傾けることは実際上不可能であろう。

他人の意見に耳を傾けることが重要だとしても、じっさいに耳を傾けるのはどうしても一部の意見にならざるをえない。では、どれだけの人のどんな意見に耳を傾ければよいのだろうか。この問題にたいして、一概にこうだと言えるような答えはない。たとえば、十人ほどのできるだけ異なる意見に耳を傾ければよい、というようなことは言えない。どれくらい多くの人のどんな意見に耳を傾けるべきかは、それぞれの場合で個別に判断するよりほかないのである。

開かれた心というのは、たんに他人の意見を真摯に聞くだけではなく、どの人のどのような意見を真摯に聞くかをそれぞれの場合で個別に判断することも含む。いろいろな人と意見を交わすという経験を何度も積むことによって、それぞれの場合にどの意見に耳を傾けるべきかが判断できるようになってくる。このような判断力こそが、開かれた心という知的徳のもっとも重要な要素なのである。

開かれた心のほかにも、真理の探究において重要な働きをする知的徳はいろいろある。つぎに、そのなかでもとくに興味深い「好奇心」について見ていこう。私たちは好奇心があるからこそ、真理の探究が可能なのだと言っても過言ではない。何らかの目的のために知ろうとするのではなく、ただただ知りたい。このような純粋な知的欲求が私たちを真理の探究に向かわせる。

たとえば、生物学者は生物の複雑な生命活動をただただ明らかにしようとする。それが明らかになることで、作物の品種改良や病気の治療に役立つこともあるだろう。しかし、そのような実用的な目的とは関係なく、ただただ生命活動の実態を知りたいという純粋な好奇心から、知ろうとする。それを知ってどうするのかと問われても、「別にどうもしない、ただ知りたいのだ」と答える。知ることがすでに至高の喜びなのである。

好奇心は「悦《よろこ》ばしき知識」へのひたすらな欲求である。真理の純粋な追求（つまり「真理のための真理の探究」）を行おうとする基礎科学は、好奇心をその原動力とする。それは「好奇心に駆動された研究（curiosity-driven research）」である。これにたいして、応用科学は好奇心というよりも、品種改良や新薬の開発といった実用的な目的にもとづく研究である。もちろん、応用科学も重要であるが、真理の探究という点で言えば、それをおもに担っているのは基礎科学である。

科学もまた社会の役に立つべしという声が、昨今はかまびすしい。基礎科学もまた、真理の探究にだけかまけているのではなく、何らかの役に立たなければならないというわけである。このようにプレッシャーをかけられると、基礎科学は立つ瀬がない。そもそも基礎科学は、実用的な価値の実現などまったく目的にしておらず、ただひたすら真理の探究だけを目的にしているからである。そのような基礎科学にどのようにして社会の役に立てと言うのか。それは基礎科学をやめて、応用科学になれと言うことに等しいのではないか。

そもそも人間にはなぜ好奇心があるのだろうか。真理の探究によって得られた知識が何の実用的な役に立たないとすれば、人間は無駄なことに労力を費やしていることになる。そんな無駄なことをしているせいで、ひょっとしたら生き残ることができなかったかもしれない。では、なぜ人間は生き残ることができたのか。それは結局、真理の探究が結果的に、ある程度役に立ったからであろう。

じっさい、基礎科学は実用的な価値の実現を目的としていないにもかかわらず、大きな実用的価値を生み出すことがある。とくに世のなかを変えるような画期的な実用的価値は、むしろ基礎科学の成果からもたらされると言ってもよいだろう。ノーベル賞を授与された科学者はよく基礎科学の重要性を訴えるが、それは目的外の価値を生み出す基礎科学の力を訴えているのだと理解できよう。

たとえば、二〇一八年にノーベル生理学・医学賞を受賞した本庶佑《ほんじょたすく》氏は、基礎科学に従事する若手の研究者に安定した地位と研究資金を提供するために、ノーベル賞の賞金をもとにして「有志基金」を設立した。ここには、基礎科学の重要性にたいする本庶氏の強い思いがうかがえる。

このように考えてくると、好奇心という知的徳は、真理の純粋な追求（「真理のための真理の探究」）を促すものであるとはいえ、結局は人類の生存に大きく貢献しているのである。

初めての課題に必要なもの

それでは、つぎに、徳が重要な働きをするもうひとつの知的活動として、さきに挙げた「課題の解決」に移ろう。

私たちは課題を解決するとき、すでに獲得している知識や新たに形成した知識を活用して解決を試みる。そのさいに重要なのは、そもそもどんな知識が課題の解決に役立つかを知ることである。

自分のもっている知識のうち、どれが目下の課題の解決に役立つかを知らなければ、それを活用することはできない。知っていたのに、どうして思い浮かばなかったのかと後悔することがある。たとえば、ピタゴラスの定理を知っていたのに、それが思い浮かばなかったために、その定理を使えば簡単に解ける数学の問題が解けなかったというような経験をしたことがあるだろう。これは、知識をもっているのに、それが目下の課題の解決に役立つことに気づけなかったということにほかならない。

すでに獲得した知識にせよ、新たに形成すべき知識にせよ、どんな知識が課題の解決に役立つかを知ることが重要である。これは知識についての知識であるから、「メタ知識」とよばれる。言語について語る言語が「メタ言語」、数学についての数学が「メタ数学」とよばれるのと同様である。

課題の解決にはさまざまな知的徳が重要な役割を果たすが、ここでは、その全貌を述べることはとうていできないので、課題の解決に必要なメタ知識の獲得において、知的徳がどんな役割を果たすかということに的を絞って見ていきたい。

そのまえに、メタ知識のなかには、それを獲得するのにそもそも知的徳の働きを必要としないものもあることを指摘しておきたい。たとえば、第三章で説明したフレーム問題では、メタ知識を獲得するのに知的徳の働きを必要としない。コーヒーを台所からリビングへ運ぶという課題においては、関連する事柄（カップの傾きや通路の障害物の有無など）が興味・関心の的として情動によって際立つため、どの事柄の知識が課題の遂行に役立つかをただちに知ることができる。ここでは、知的徳の出る幕はない。

しかし、課題によっては、どの知識が役立つかがすぐにはわからないことがある。そのときには、メタ知識を獲得するために、知的徳の働きが必要となる。たとえば、夏休みにこれまでやったことのないような作文の課題が出されたとしよう。何を書けばいいのだろうか。途方に暮れる。自分のもっている知識にせよ、新たに形成すべき知識にせよ、とにかくどんな知識がこの課題の遂行に役立つかが皆目わからない。何度もやったことのある課題なら、このように途方に暮れることはないが、新規の課題の場合は、苦境に陥ることがしばしばある。

このように課題をまえにして途方に暮れるとき、「知的な粘り強さ」や「知的な忍耐力」といった知的徳がメタ知識を獲得するのに重要な働きをする。

作文の課題をまえにして、どうしてよいか皆目わからないとき、私たちはとりあえず何かやってみるだろう。たとえば、まずテーマを決めようとするかもしれない。テーマが決まれば、おのずと関連する知識が明らかになってこよう。地球温暖化、スマホ依存、ウクライナ侵攻、人生の意味、などなど、いろいろテーマが浮かんでくる。だが、どれもピンとこない。さて、どうしよう。

テーマを決めようとしても、そう簡単に決まらないことも多い。そのようなときは、他人の作文を参考にするかもしれない。そのような作文をいくつか読んでも、多少のヒントにはなるが、テーマは決まらないし、書く内容もはっきりしてこない。さあ、どうしよう。作文の書き方の本でも読むか。しかし、他人の作文をいくつか読んでも、やはり多少の参考にはなるが、テーマも、書く内容も、なかなか絞れない。こうしてしばしば、延々と試行錯誤を続けることになる。

試行錯誤は暗中模索である。明るい光のもとで明瞭に見える目標に向かって着実に歩を進めるのではなく、真っ暗闇のなかでどこへ向かって進んでいるのかもわからないまま、とにかく動き回る。挫折の連続であり、いつ光明が得られるのかわからないという不安に絶えずさいなまれる。このようななかで試行錯誤を続けるには、粘り強い探索と相次ぐ挫折への忍耐力が不可欠である。そのような粘り強さと忍耐力を発揮してはじめて、一条《いちじょう》の光明が射しこんでくる可能性が開けてくる。

このように、課題に直面して途方に暮れるとき、粘り強さや忍耐力といった知的徳が重要な働きをする。これらの知的徳を発揮してはじめて、暗中模索の闇をくぐり抜けて何とか光明を見いだし、どんな知識が課題の解決に役立つかのメタ知識を形成することができるのである。

以上、真理の探究と課題の解決というふたつの知的活動において、知的徳がどう発揮されるかを見てきた。このような人間の知的活動においては、「開かれた心」「好奇心」「知的な粘り強さ」「知的な忍耐力」といった知的徳の発揮が重要な役割を担う。本節で示したことは、知的徳の発揮のごく一部にすぎないが、それでも知的徳の発揮がどのようなものか、その感触をつかんでもらえればと思う。

3　批判的思考とは何か

陰謀論

インターネット上には、根も葉もない、いい加減な話が溢《あふ》れかえっている。面白ければいいとばかりに、何の根拠もない適当な話をたれ流し、嘘《うそ》だと知っているにもかかわらず、さも本当らしく見せかけて、人を惑わす。とくに陰謀論とよばれるものは、きわめて悪質だ。たとえば、二〇二〇年のアメリカ大統領選挙でトランプが敗北したとき、いくつかの州でひそかに選挙の不正が行われて「票が盗まれた」とトランプ陣営が主張したり、二〇二二年のウクライナ侵攻において、ウクライナ人の虐殺はウクライナ側の自作自演だとロシア側が主張したりした。

このような根拠のない、いい加減な話を、人々がただ笑って読み流すなら、まだそれほど大きな害はないかもしれないが、なかにはそれを真に受けて、自身が甚大な害を被ったり、周囲に多大な害を及ぼしたりする人たちがいる。アメリカではトランプを信じるかどうかで、夫婦のあいだに和解不可能な断裂が起き、ついに離婚に至るという痛ましい事象も生じているようだ。

こうした深刻な害をもたらす恐れのある偽りの情報や悪質な説明にたいして、情報や説明の妥当性をきちんと検討して判断する「批判的思考」が重要だとよく言われる。『FACTFULNESS（ファクトフルネス）』という本が爆発的に売れたり、ファクト（事実）をチェックする団体が活躍したりする昨今の状況は、人々が批判的思考の重要性に気づいていることの確かな証左であろう。本節では、人間に特有の知のあり方のひとつとして、批判的思考について見ていく。

批判的思考は証拠の確かさや推論の妥当性をしっかり吟味したうえで行われる思考である。たとえば、「太郎は風邪をひいたから、学校を休んだ」と私が断定するとき、ただそう断定するのではなく、太郎が風邪をひいたのは確かなのか、また、風邪をひいたことから、学校を休むと推論するのは妥当なのかということをしっかり吟味したうえで、とくに問題がなければ、そう断定する。あるいは、誰かが「太郎は風邪をひいたから、学校を休んだ」と主張したとき、それを鵜呑《うの》みにするのではなく、太郎が風邪をひいたことの確かさや、風邪をひいたことから学校を休むことへの推論の妥当性をしっかり吟味したうえで、問題がなければ、その主張を受け入れる。

では、証拠の確かさや推論の妥当性の吟味はどのようにして行われるのだろうか。批判的思考は、感情を排して、もっぱら理性的に考えることによって行われると見なされることが多いだろう（これを「理性主義的な見方」とよぶことにする）。感情的になると、証拠や推論が歪《ゆが》められる。したがって、感情を排して、理性的に証拠を見定め、推論を行わなければならない。そうすれば、確かな証拠と妥当な推論が得られるというわけである。

たしかに、情動が証拠や推論を歪めるケースは、しばしば見受けられる。息子が戦死したという報を受けても、母親はそれを信じることができない。息子への愛があまりにも強いがゆえに、息子の死を認めたときの絶望的な悲しみに耐えきれないのだ。たとえ息子の死体に直面したとしても、生きていると思おうとする。眼前の死体ですら、死の証拠として認めることができないのだ。あるいは、かろうじてそれを死の証拠として認めたとしても、息子の魂はどこか別の場所で別の身体に受肉して、すでに息子は蘇《よみがえ》っているのだと信じようとする。つまり、息子の死をいったん認めても、もうすでに復活しているのだと結論づけようとするのである。このように情動によって証拠や推論が歪められるケースは、いろいろなところで見られるだろう。

情動が証拠や推論を歪めるケースを目《ま》の当たりにすると、批判的思考の理性主義的な見方が正しいように思えてくる。しかし、情動は本当に証拠や推論を歪める働きしかしないのだろうか。状況にたいして適切でない情動（すなわち状況の価値のあり方にふさわしくないタイプの情動や、適度な強さでない情動）は、たしかに証拠や推論を歪めるかもしれない。しかし、状況にたいして適切な情動は、むしろ証拠の確かさや推論の妥当性をきちんと吟味する助けになる。つまり、理性が適切な情動に裏打ちされてはじめて、証拠や推論はきちんと吟味されるのである。具体例を挙げて説明しよう。

夫が浮気をしても、それは自分が悪いからだと考える妻がいる。妻は夫の浮気を追及すると、かえって夫に見捨てられるかもしれないという強い恐怖心を抱き、それゆえ自分に魅力がないから、夫が浮気をするのだと考える。こうして夫の浮気への怒りを自分のなかで抑圧する。しかし、このような抑圧が蓄積すると、やがてうつ状態となり、心に深刻な変調を来《きた》す。

この妻がうつ状態にならないようにするには、どうすればよいのだろうか。理性主義的な見方からすれば、妻は夫に見捨てられる恐怖や浮気への怒りを排して、もっぱら理性的に考慮して、夫の浮気を夫の不実の証拠と捉えるべきだということになろう。そうすることで、夫が不実の報いを受けて謝罪をするべきだと正しく推論することができるようになるというわけである。しかしはたして、このように情動を排して、もっぱら理性的に考えることが可能なのだろうか。

妻は夫に見捨てられることに強い恐怖を抱いている。この強すぎる恐怖によって、妻は夫の浮気を自分のせいにし、夫への怒りを抑圧する。このような妻が夫の不実を理性的に追及できるようになるためには、情動を排するのではなく、むしろ見捨てられることへの強すぎる恐怖を適度な恐怖に変え、夫への怒りを抑圧せず適度な怒りを保つようにする必要があるのではないだろうか。このような適度な恐怖と怒りを抱くことによってはじめて、妻は理性的に考慮して、夫の浮気を不実の証拠と捉え、そこから夫が不実の報いを受けて謝罪するべきだと推論できるようになる。

理性だけでは、夫の浮気をどう捉え、どんな対応をすべきかをなかなか決められない（脳の前頭前野の腹内側部という箇所を損傷した患者は、理性の働きに問題がないのに、情動が鈍っているため、物事をなかなか決められない――その一例が神経科学者A・ダマシオの研究によって有名になったフィニアス・ゲージという人物である）。適度な恐怖と怒りがあるからこそ、浮気を不実の証拠と捉え、そこから謝罪を求めるという対応を導き出せる。理性的に考慮するためには、情動を排するのではなく、情動を適切なものにしなければならない。

理性が理性的に働くためには、適切な情動の裏づけが必要となる。理性は情動を排することによって機能するのではなく、適切な情動に支えられてはじめて、理性的に機能する。理性的だと言われる人も、けっして情動をもたないのではなく、適切な情動を内に秘めている。たしかに不適切な情動は理性の機能を歪めるが、適切な情動は理性の機能を支えるのだ。ようするに、批判的思考には、その基盤として適切な情動が必要なのである。

事実の生存負荷性

批判的思考には、適切な情動が必要だとはいえ、状況によっては適切な情動を抱いてしまうと、あまりにも大変すぎて生きていけない場合もある。このようなときは、適切でない情動を抱かざるをえないだろう。しかし、それによって、状況の価値のあり方だけでなく、事実のあり方すら歪めてしまうこともあるだろう。つまり、事実すら正しく認識できなくなるのだ。このようなケースはどうすればよいのかを考えてみよう。

たとえば、息子の死に直面した母親がその悲しみが大きすぎて生きていけないとする。彼女は生きていくために、そのような悲しみを抱かないようにする。そしてそのためには、息子の死という事実を否定せざるをえない。また、妻が夫の浮気に怒りを抱くと、夫に見捨てられて生きていけないとすると、妻は生きていくために、そのような怒りを抱かないようにしなければならない。そのため、夫の浮気が自分のせいだという偽りの事実を信じようとする。私たちは自分の生存を可能にするのに必要な情動を抱き、そのような情動を抱くのに必要な仕方で事実を捉える。事実は結局のところ、自分の生存をいわば「背負って」捉えられ、生存に反する事実は拒否されるのである。

これに関連して、「観察の理論負荷性」というテーゼがある。これは、私たちが何らかの現象を観察するとき、その現象にかんする理論が観察に影響を与えるというテーゼである。私たちはふつう、観察が理論とは独立になされ、その観察によって理論の正しさが判定されると考えるだろう。観察の理論負荷性のテーゼは、この常識的な考えとは逆に、観察が理論にもとづいて（つまり理論を「背負って」）なされ、そのため理論に反するような観察はなされないと主張する。観察は理論をただひたすら裏づけるだけであり、理論を反証する力をもたないと言うのである。これは少し言い過ぎなところもあるが、観察が理論から何らかの影響を受けることは間違いない。

たとえば、天動説を信じていれば、太陽は朝、東の空から昇っていくように見える。しかし、地動説を信じていれば、地球の自転によって、地面が太陽に向かって回転していくように見える。地動説を信じているけれども、太陽が昇っていくように見えると言う人がいたとすれば（ふつうの人はそうであろう）、その人は太陽を見るときに、地動説の信念が活性化せず、元の天動説の信念に戻ってしまうために、そう見えるのだ。地動説を信じており、その信念がきちんと活性化すれば、太陽が昇るのではなく、地面が自転によって回転するように見えるはずだ。

木や油などの物の燃焼については、今日では物と酸素との化合反応だという酸素説が採用されているが、一八世紀には「フロギストン説」という誤った説が広く受け入れられていた。この説によれば、燃える物には「フロギストン（燃素）」という元素が含まれており、物の燃焼はそのフロギストンの放出だとされる。木が燃えると、灰となって軽くなるのは、フロギストンが木から出ていったからだというわけである。

酸素説を信じる人は、物が燃えるのを見ると、そこに酸素との化合を見るが、フロギストン説を信じる人は、そこにフロギストンの放出を見る。酸素論者がフロギストン論者にたいしていくら懇切丁寧に説明しても、フロギストン論者がフロギストン説を信じているかぎり、酸素との化合を見るようにはならない。

陰謀論についても同じことが言える。ウクライナ人の虐殺はウクライナの自作自演だという陰謀論を信じる人は、ウクライナ人が無残に死んでいる写真を見せられても、それを捏造《ねつぞう》だとして、ロシア軍による虐殺の証拠とは見ようとしない。その人はどんなに証拠を突きつけられても、陰謀論の観点からしかそれを見ないのである。

このように観察は多分に理論の影響を受ける。これと同様のことが事実についても当てはまる。自分の信じる理論にもとづいて（理論を「背負って」）観察がなされるように、自らの生存にもとづいて（生存を「背負って」）事実は把握される。つまり、生存を可能にするように、事実を捉えるのである。したがって、生存状況が変わらないかぎり、把握される事実も変わらない。生きていくために事実を誤って捉えている人に正しい事実を認識させるためには、その人の生存状況を変えなければならない。つまり、事実を正しく認識してもなおその人が生きていけるようにしなければならないのである。

たとえば、さきに述べた息子の死を認められない母親は、息子の冥福を祈り続けることに自分の人生の意味を見いだせるようになれば、息子の死に大きな悲しみを抱いてもなお生きていくことができるようになろう。そしてそうなれば、息子の死を正しく認めることができるようになるだろう。

どれほど警鐘が鳴らされても、地球温暖化を事実として受けとめない人たちは、理性が劣っているから受けとめないのではなく、そのように受けとめれば生きていけないから、受けとめないのである。地球温暖化が事実だとすると、その人たちは二酸化炭素の排出量の削減に取り組まざるをえず、そうすると経済的に生活が成り立たなくなる。したがって、地球温暖化を否定せざるをえない。逆に、地球温暖化を事実として認める人たちは、それでも生きていけるから、認めているにすぎないのである。

このように、事実を正しく認識するかどうかは、けっして頭の良し悪しと関係があるわけではない。大げさに聞こえるかもしれないが、事実を正しく認識するためには、その正しい事実のもとで生存が可能でなければならない。事実を誤って認識している人にたいして、どれほど理性的な説得を試みたとしても、その人が正しい事実のもとで生きていけないのであれば、その人の認識を変えることはできない。事実を正しく認識してもらうには、その人が正しい事実のもとで生きていけるように、その人の生存状況を変えなければならない。そうしてはじめて、その人は事実を正しく認識して、批判的思考を行うことができるようになるのである。

本章のまとめ

人間に特有の知として、知的徳と批判的思考がある。徳は卓越した性格を意味し、倫理的な判断や行為に関わる倫理的徳と知識の獲得に関わる知的徳に分かれる。知的徳は真理の探究や課題の解決において重要な働きをする。真理の探究には、純粋な好奇心が必要である。どの知識が課題の解決に役立つかの「メタ知識」を得るには、しばしば暗中模索を耐え抜く知的な粘り強さや忍耐力が必要である。批判的思考は証拠の確かさと推論の妥当性を吟味しつつ行われる思考である。それは情動を排して理性的に考えることではなく、適切な情動にもとづいて理性的に考えることで成立する。批判的思考には、事実の正しい認識が必要だが、そのためには正しい事実のもとで生存が可能でなければならない。

第五章　機械がひらく知の可能性

1　自己認識と他者理解はどう変わるのか

メタ認知

いまでは、ほとんどの人がスマホをもって、世界中の情報を検索したり、さまざまな人と通話したりしている。なかには、歩きながらスマホを使っていて、とても危ない人もいる。また、一日中、ほとんどスマホを手放せず、「スマホ依存症」になっている人すらいる。人間の知にかんして、現代、とくに顕著なのは、コンピュータのような知的機械によって、人間の知が途方もなく拡張・強化されていることであろう。

このように言うと、最近起きたことのように感じられるかもしれないが、知的機械による拡張・強化は、これまでの歴史でも数多く見られてきた。私たちは顕微鏡や望遠鏡によって、それまで見ることができなかったものを見ることができるようになり、ラジオやテレビによって、それまで考えることのなかった多くのことを考えるようになった。

しかし、コンピュータのような知的機械は、これまでとは次元が違う画期的な拡張・強化をもたらしている。最後の章では、現代においてそのような知的機械が私たちの知をどう変化させつつあるかをいくつかの事例にそくして見ていこう。

まず、本節では、脳の状態を計測して心の状態を読み取る機械が誕生すると、私たちの自己認識（自分の心についての認識）や他者理解（他者の心についての認識）がどう変化するかを考えてみよう。脳状態を計測して心の状態を読み取る技術は「マインドリーディング」とよばれる。このマインドリーディングの技術を用いて、自分の心の状態や他者の心の状態を知ることができるようになれば、私たちの自己認識や他者理解はどう変わるだろうか。

それを考えるうえで、まず、私たちがふつう、マインドリーディングの技術を用いずに、どのようにして自分の心の状態を知るかを確認しておきたい。

私たちは自分のさまざまな心の状態を知ることができる。私が歯に痛みを感じていれば、私は自分がそのような痛みを感じていることを知ることができる。また、明日のテストに怖れを抱いたり、幽霊は存在しないと信じていたり、勉強しようと決断したりすれば、自分がそのような心の状態にあることを知ることができる。では、私たちは自分の心の状態を知るとき、どのような仕方で認識しているのだろうか。

この問題に答えるためには、自分の心の状態を意識的なものと無意識的なものに分けて考える必要がある。意識的な心の状態は、自分の意識に現れる心の状態である。歯に痛みを感じるとき、その痛みの感覚は自分の意識に現れているから、意識的な心の状態である。このような心の状態については、「内観」という仕方で知ることができる。内観は、自分の振舞いや表情を観察することなく、いわば直接自分の心のなかをのぞきこむような仕方で、自分の心の状態を認識する方法である。歯に痛みを感じるという意識的な心の状態は、頰を押さえたり、顔をしかめたりしているのを自分で観察しなくても、内観によって直接的に知ることができる。

しかし、自分の心の状態であっても、無意識的な状態は内観できない。太郎が花子を愛していても、無意識的であれば、太郎はその愛を内観によって知ることができない。

知ろうと思えば、自分の振舞いや表情を観察しなければならない（ときには、人から教えられる場合もある）。自分が花子にやさしく接していることや、花子に会ったときにうれしそうな表情をしていることなどを自分で観察して、そこから花子を愛していることを推定しなければならない。つまり、他人が太郎の振舞いや表情を観察することで花子への太郎の愛を推定するように、太郎は自分で自分の振舞いや表情を観察することでその愛を推定するのである。

内観によってであれ、観察によってであれ、とにかく自分の心の状態を知ることを「メタ認知」とよぶ。メタ認知は、自分の心の状態を知ることによって、その誤りや不適切さを改めたり、自分の本当の欲求にもとづいて何をするかを決めたりするのを助けるという重要な働きを担う。

以上、私たちがふつう自分の心の状態をどのようにして知るかを見てきた。つぎに、それを踏まえて、脳活動を計測して心の状態を読み取る機械（マインドリーディング装置）が開発されれば、私たちが自分の心の状態をどのようにして知ることになるかを考えてみよう。

いま、マインドリーディング装置を耳に装着しているとしよう。この装置は私に何らかの無意識的な心の状態が生じたとき、私の脳活動を計測して、その無意識の心の状態を教えてくれる。

たとえば、私が自分でも気づかずに友人に腹を立てているとしよう。このとき、その装置が私の脳活動を計測して、そこから私の怒りを推定し、「怒っているよ」と耳元でささやいてくれる。私はそれを聞いてただちに、自分が怒っていることに気づく。したがって、私はこの装置を装着することで、自分の無意識の心の状態を自分の振舞いや表情を観察せずに、ほぼ内観に近い仕方で知ることができるようになる。

さらに、このような装置をＩＣチップのような形にして脳のなかに埋めこむことができたとしよう。この装置は、無意識的な怒りが生じたときに、「怒っているよ」と耳元でささやくのではなく、その怒りを電気刺激によって直接私の脳に知らせる。したがって、私は無意識的な怒りが生じたときに、直接それに気づくことができるようになる。こうなれば、無意識的な心の状態も完全に内観的に知ることができるようになり、それはもはや無意識的ではなく、意識的な心の状態だと言えよう。こうしてそのような装置を脳に埋めこむことで、無意識的な心の状態は存在しなくなる（もちろん、この装置が一部の無意識的な心の状態しか検出できないとすれば、その一部の状態しか意識的にならず、それ以外は無意識にとどまる）。

ただし、無意識的な心の状態をこのように意識的な状態にすることが私たちにとってつねに善いことなのかどうかは、よく考えてみる必要があろう。友人への怒りに気づくことは、ほとんどの場合、善いことであろう。一方で、太郎が花子への愛に気づいてしまうと、二人はどこかよそよそしくなり、無邪気な関係を続けることはむずかしくなるだろう。そのため、太郎にとって自分の無意識の愛に気づくことは、むしろ善くないことかもしれない。

また、無意識的な心の状態は多くの場合、とくにそれを知らないほうがスムーズに生活できる。私たちはスーパーで買い物をするとき、いろいろな商品を見ながら、「良いな」、「良くないな」、「高いな」、などさまざまな気持ちを抱きながら、買うものを決める。そのとき、自分がどんな気持ちを抱いたかをいちいち意識したりはしない。それでも、たいてい買い物はうまくいく。もし無意識的な心の状態を検出する機械によって、いちいち自分の気持ちが意識化されたりすれば、その気持ちが煩わしくて仕方ないだろう。このようにふだんは意識にのぼらないほうがよい心の状態もたくさんある。

そのため、自分の心の状態を検出する機械は、「ここぞ」というときにだけ作動することが望ましい。ただでさえ、そのような機械を開発するのはむずかしいのに、「ここぞ」の判断までしなければならないとすると、その開発は困難を極めるだろう。それでも、「ここぞ」の判断ができる機械が開発されれば、私たちの内観能力が改善され、私たちの「ウェルビーイング（人生の善いあり方）」を促進するのにおおいに役立つだろう。

他者の心

以上、マインドリーディング装置を用いて、自分の心の状態を知ることができるようになれば、自己認識がどう変わるかを見てきた。つぎに、この装置を用いて、他者の心の状態を知ることができるようになれば、他者理解がどう変わるかを見ていこう。

そのまえに、まず、私たちがふつう、どのようにして他者の心の状態を知るかを確認しておこう。

私たちは他者の心がわからずに困ることがしばしばある。「あいつは何を考えているのか、さっぱりわからん」とか、「あの人は私のことをどう思っているのかしら」とつぶやくことは、往々にしてあるだろう。自分の心を知ることも大事だが、他者の心を知ることはそれに劣らず大事である。他者の考えや気持ちがよくわからないために、コミュニケーションがうまくいかず、人間関係がぎくしゃくすることはよくある。

このように他者の心がわからないことが多いのは、私たちがふつう、他者の心を知るために、他者の振舞いや表情を手がかりにするほかないからである。さきに説明したように、私たちは自分の心をのぞきこむことができる。しかし、他者の心をのぞきこむことはできない。だから、他者の心の状態を内観によって知ることができない。他者の心の状態を知るには、もっぱら他者の振舞いや表情を観察して、そこから推定しなければならない。しかし、そのような推定がいつも確実にできるとはかぎらない。とくに他者が自分の考えや気持ちを表に出さないようにしている場合は、他者の心の状態を知ることはむずかしい。

しかし、脳活動を計測して心の状態を読み取る機械を使用すれば、私たちは他者の振舞いや表情から他者の心の状態を推定するのではなく、脳活動からそれを知ることができるようになる。そうなれば、私たちの他者理解はどう変わるだろうか。

この話に入るまえに、他者の心の状態をその人の表情や仕草から読み取る機械も開発されているので、まずは、それを見ておこう（この機械は脳活動を計測するわけではないので、マインドリーディング装置ではない）。たとえば、顔の表情をカメラで撮影し、それをコンピュータで解析して、どんな情動を抱いているかを判定するというような機械が開発されている。残念ながら、まだ、喜怒哀楽のような基本的な情動をうまく判定できるかどうかのレベルであるが、いずれ解析の技法が向上し、瞬間的な表情だけではなく、持続的な表情の移り変わりやそれに伴う一連の仕草などもコンピュータで解析できるようになれば、恥や罪悪感、徒労感などの複雑で微妙な情動もうまく判定できるようになるかもしれない。

私たちは他者の振舞いや表情からその人の情動をある程度認識できるが、このような情動判定機械を使用すれば、他者のもっと多くの情動をより正確に認識できるようになるだろう。こちらの何気ないひと言や仕草にたいして、相手がちょっとした怒りや嫌悪を覚えることがときに起こるが、そのような場合でも、この情動判定機械が相手の表情や仕草を解析して、相手の怒りや嫌悪を教えてくれる。かりにそれを脳に埋めこんでいれば、教えてもらうというより、相手の怒りや嫌悪が直接わかるという感じになるだろう。

このように相手の情動がよくわかるようになると、コミュニケーションもうまくいって、人間関係がぎくしゃくすることも少なくなろう。もちろん、他者の心がわかりすぎて困ることもある。人の心がわかってしまうことの不幸は、小説やドラマなどでお馴染《なじ》みであろう。だから、この情動判定機械については、その是非をめぐる議論が別に必要となるだろう。

では、つぎに、脳活動を計測して心の状態を読み取る機械（マインドリーディング装置）を使うと、私たちの他者理解がどう変わるのかの話に入ることにしよう。

このような機械を使えば、私たちは他者の振舞いや表情を観察しなくても、他者の脳活動を計測することでその心の状態を知ることができる。たとえば、太郎が密《ひそ》かに次郎を嫌っているかどうかは、太郎の脳活動を計測することによって明らかになる。また、花子が文学を重要だと考えているかどうかは、花子の脳活動を計測することでわかる。

　この機械の実用的な応用も、いろいろ考えられる。たとえば、刑事が容疑者を取り調べるとき、容疑者が嘘《うそ》をついていないかどうかをその脳活動から判定できるようになる。そうなれば、いまよりはるかに取り調べが容易になるだろう。つまり、この機械は「うそ発見器」として使用することができるのである。

　また、ふたつの脳をこの機械につなぐことで、脳から脳への直接的なコミュニケーションが行えるようになる。たとえば、太郎の脳と花子の脳をともにこの機械につないで、太郎の脳活動がこの機械によって計測され、そこから読み取られた太郎の心の状態が花子の脳に伝えられる。花子の心の状態も、同じような仕方で太郎の脳に伝えられる。こうして太郎と花子は、声に出して言葉を交わすことなく、脳どうしで情報をやりとりすることができるようになる。このようなコミュニケーションはＢＢＣ（brain-to-brain communication）とよばれ、すでに研究も始まっている。

　ただし、さまざまな利点があるとしても、脳活動の計測から他者の心の状態がわかるようになると、いろいろ困ったことも出てくる。その最たるものは、「心のプライバシー」を失いかねないというものであろう。私たちは自分の考えや気持ちを誰にどの程度伝えるかを自分で自由に決めたい。マインドリーディングが可能になれば、この「心のプライバシー」がやすやすと侵害されてしまうだろう。反乱者に自白を強要する権力者は、拷問に頼らなくても、マインドリーディングによって容易に反乱者の心を読み取ることができる。権力者のまえでは、心の秘密すら保てないのだ。

科学技術には光と影の両面が付きものだが、マインドリーディングもその例外ではない。マインドリーディングによって、私たちは自分の心の状態も、また他者の心の状態も、いまよりははるかに多く迅速に知ることができるようになる。しかし、自分の心の状態がわかりすぎるのはかえって煩わしいし、「心のプライバシー」が侵害されるのはたいへんな脅威だ。たしかに私たちの生を活気あるものにするには、科学技術の光がなければならないだろう。しかし、そうであれば、私たちは科学技術の光と影のバランスを巧みに取って、何とかうまく綱渡りしていかなければならないのである。

2　架空と現実の違いがなくなるのか

ヴァーチャルリアリティ

前節では、マインドリーディングによって私たちの自己認識や他者理解がどう変わるかを見てきた。本節では、さらに進んで「ヴァーチャルリアリティ」と「メタバース」の技術が私たちの知をどう変えるかを見ていこう。

架空と現実、フィクションとノンフィクションの区別は、私たちがふだん生活するなかでもっとも重要な区別のひとつであり、その区別がつかなくなることはほとんどない。じっさい、架空と現実を混同すると、たいへんな混乱と惨事が生じる。たとえば、子供が誘拐されたと想像しているにすぎないのに、それを現実の出来事だと思ってしまったとしよう。このようなことはもちろん、よほどの錯乱状態（たとえば、病的な妄想状態）のときにしか生じないだろうが、とにかくそれが生じたとしよう。そうすると、それによって、周囲の人たちを巻きこんだ大騒動が勃発することになろう。また、逆に、子供が誘拐されるのをじっさいに見たのに、それを架空の出来事だと思ってしまうと、今度は呑気《のんき》に構えて、子供の命を危険に晒《さら》すことになろう。

架空の事柄はふつう想像される。それにたいして、現実の事柄は知覚される。私たちは想像と知覚を混同することはほとんどない。そのため、架空の事柄と現実の事柄を混同することもまずない。赤い馬を想像するとき、それがどれほど明瞭に脳裏に浮かんでも、知覚の場合ほどその馬に活気がないため、じっさいに赤い馬を見ているのだと間違える人はいないだろう。逆に、眼の前に赤い馬が見えるとき、この世にこんな色の馬がいるのかと不思議に思うかもしれないが、それでも自分は赤い馬を想像しているだけだと思う人はいないだろう。

想像と知覚は明瞭に異なる心の働きであり、それゆえ混同されることはまずない。架空と現実の混同がほとんど起きないのも、想像と知覚の混同がまず起きないからである。

しかし、明瞭なはずのこの区別も、ヴァーチャルリアリティ（VR）の発達によって掘り崩されつつある。VR用のゴーグルを着けて、VRの世界に没入すると、そこから受ける光や音の刺激は、現実世界から受ける刺激とほとんど変わらない。波音の聞こえる明るい海の光景は、ＶＲでも、知覚でも、同じように明瞭に生き生きと立ち現れる。ゴーグルを着けていることを忘れると、現実の世界を知覚していると勘違いしてしまいそうだ。もちろん、ＶＲの世界は架空であり、それゆえＶＲでの経験は知覚ではない。かといって、想像とも言いきれない。ＶＲは、架空の事柄を経験する、想像とは別のやり方なのである。

「ヴァーチャル（virtual）」という英語は、たんに「架空の」や「仮の」を意味するというよりも、「架空だが、実質的には現実と同様の」を意味する。ヴァーチャルなリアリティは、架空ではあるが、あたかも現実を知覚するかのように経験されるリアリティである。したがって、それは現実と混同されやすい。

さらに、ヴァーチャルなリアリティが現実そのものになってしまう場合もある。そもそも現実だとなれば、混同ではないので、それを架空のことだと「正す」試みは無用である。

いまの段階では、ＶＲのなかで株の取引をして大損しても、それは架空の出来事だとされ、現実の世界で大損したことにはならない。しかし、ＶＲでの株取引を現実と連動させることも可能である。ＶＲの世界で大損して預金残高が減れば、それと連動して現実の世界での預金残高も減るようにするのだ。そうすれば、ＶＲでの株取引は現実の世界での出来事となる。

昨今は、オンラインでの会議が増えたが、このオンラインの会議は架空ではなく、現実の会議である。しかし、オンライン会議を架空の会議として行うことも可能だ。現実の会議は深刻なので嫌いだが、架空の会議は言いたい放題なので好きだという人は、架空のオンライン会議を開くかもしれない。オンライン会議が架空か現実かは、その扱い方次第である。それと同様に、ＶＲでの株取引も、その扱い方次第で、架空の出来事にもなれば、現実の出来事にもなるのである。

しかし、ヴァーチャルなリアリティが現実と混同されやすいとすると、ＶＲをどう扱うかは完全に私たちの自由になるわけではないだろう。私たちは現実の世界を生々しく知覚するのと同じように、ＶＲの世界を生々しく経験する。だから、ＶＲの世界は私たちにたいして、その世界を現実の世界として扱うように迫ってくる。こうして私たちはＶＲを現実として扱うことが増えていくであろう。

メタバース

このようなVRの技術は、現在、ものすごい勢いで発展している。フェイスブックが二〇二一年に社名を「メタ」に変えて、「メタバース」の開発に本格的に乗りだした。メタバースは非常に大規模なVRの世界である。私たちは現実の世界でさまざまな経験や活動をするように、メタバースでさまざまな経験や活動をすることが可能になる。たとえば、現実の世界で街を散歩するように、メタバースのなかで自分のアバターを使って街を散歩することができる。

ただし、メタバースはたんに架空の世界を楽しむだけの場ではなく、むしろそこで現実の経験や活動をするような場となっていくであろう。つまり、私たちはメタバースでの経験や活動を現実の経験や活動として扱うようになるのである。私たちは現実の都会や田舎で暮らすのではなく、メタバースのなかでおもに暮らす。たしかに、眠るときは相変わらず現実の家の現実のベッドの上だが、目が覚めるとすぐメタバースの世界に没入し、そこで仕事をしたり、買い物をしたりする。これらは架空の経験や活動ではなく、現実の経験や活動である（つまり現実のものとして扱われる）。メタバースで買い物をすると、現実の世界での自分のお金が減るような仕組みになっているのだ。

メタバースが普及してくると、日本からペルーのマチュピチュ遺跡に行ってみたいと思ったとき、何時間もかけて飛行機を乗り継ぎ、延々と長旅をする必要はない。メタバースでその遺跡を堪能することができる。もちろん、遺跡の映像を見ているだけで、本物の遺跡を見ていないと言われるかもしれない。だが、精巧にできた映像はじっさいの遺跡とまったく見分けがつかず、本物を見るときと同じように、メタバースのなかで遺跡を十分楽しむことができる。そうであれば、メタバースでの遺跡の経験は現実の遺跡の経験だと言ってよいのではないだろうか。その経験を現実の遺跡の経験として扱うことは、十分可能である。

では、マチュピチュ遺跡のように現実に存在するものなら、そのように扱うことが可能だとしても、現実には存在しないものについてはどうであろうか。現実に存在しない事物や出来事をメタバースで経験する場合は、やはり架空の事柄の経験として扱うのではないだろうか。メタバースで巨大な竜が天空を舞う雄大な光景を見る。しかし、竜は現実には存在しないから、空を舞うことも現実にはない。そうだとすれば、私たちはメタバースでの竜の舞いの経験をたんに架空の事柄の経験にすぎないと見なす（つまりそのように扱う）のではないだろうか。

たしかに最初のうちは架空の事柄の経験だと見なすだろう。しかし、現実に存在する多くの事柄をメタバースで現実のものとして経験するようになってくると、現実には存在しない竜の天空の舞いですら、私たちはメタバースでそれを現実の事柄として経験する（つまりそのように扱う）ようになるであろう。メタバースでの竜の舞いの経験は、竜が存在して、それがじっさいに天空を舞うのを見たとしたら、私たちが得るだろう経験と寸分違《すんぶんたが》わない。このように経験の感覚的な質（視覚、聴覚、触覚などの五感において感じられる質）が同じであれば、私たちは竜の舞いの経験を現実の事柄の経験として扱うようになるだろう。経験の感覚的な質が同じであれば、私たちはそれを現実の事柄の経験として扱うように迫られるのである。

しかし、そうは言っても、これはなかなか納得しがたい話かもしれない。竜は現実には存在しないから、やはり竜の舞いは架空でしかありえない。それゆえ、竜の舞いの経験を現実の事柄の経験として扱うことは、明らかに間違っている。この思いは根強いものだろう。

本節の最初のほうで述べたように、私たちはいまのところ、架空と現実を明瞭に区別し、その区別において現実だとされるものだけを現実として認めようとする傾向が強い。それゆえ、メタバースでの竜の舞いも、なかなか現実として認めることができないだろう。しかし、メタバースでの経験を現実の事柄の経験として扱うことが多くなってくると、竜の舞いの経験も現実の事柄の経験として次第に扱うようになってくるだろう。たしかに竜の舞いを現実の事柄として扱えば、そのような竜が襲ってきたらという心配も生じるだろう。しかし、現実の世界でクマが襲ってきても、クマよけスプレーをもっていれば大丈夫なように、メタバースの世界でも何らかの対策を考えておけば、問題ないのである。

メタバースは現実の世界と同じような生々しい経験や活動（同じような感覚的な質をもつ経験や活動）を提供することで、架空と現実の区別をぼやけさせ、両者を融合させる。とはいえ、私たちの生身の脳・身体は現実の世界にしか存在しえない。生身の脳・

身体がそこで神経活動をし、呼吸し、栄養摂取をしなければ、私たちは生きていけない。生身の脳・身体が現実の世界にしか存在しえない以上、メタバースによって架空と現実の区別がどれほどぼやけても、その区別が完全になくなることはありえないのではないだろうか。

この可能性の有無を考察するために、ひとつの思考実験として、つぎのような状況を考えてみよう。私の生身の脳・身体のあり方を完全にデジタル情報に変換して、そのデジタル情報をコンピュータに送りこむ。そうすれば、私はコンピュータのなかで「デジタル自己」として存在するようになる。タンパク質でできた生身の脳・身体はもはや存在しないが、それに代わって、デジタル情報の集まりとしての脳・身体がある。そして私の心は生身の脳・身体ではなく、デジタルの脳・身体によって実現されることになる。

このように心を生身の脳・身体からコンピュータのなかのデジタル脳・身体へ移すことを「マインドアップローディング」とよぶ。この技術もじっさいに研究されているが、実現するのは遠い将来のことであろう。

もし私がマインドアップローディングを行うと、私はコンピュータのなかの存在となる。もちろん、コンピュータも現実の世界に存在する物理的なものであるから、そのなかにいる私のデジタル脳・身体も現実の世界に存在する物理的なもの（コンピュータの電気活動によって成立するもの）である。しかし、デジタル脳・身体は、生身の脳・身体と違って、コンピュータの外の現実の世界で神経活動や呼吸、栄養摂取などを行う存在ではない。

デジタル脳・身体はメタバースと同じく、コンピュータの電気活動によって成立する物理的存在である。したがって、デジタル脳・身体とメタバースにたいして、現実と架空の区別を設ける必要はないだろう。生身の脳・身体なら、そのような区別を設けることに意味があるだろうが、デジタル脳・身体の場合はその区別が意味を失う。マインドアップローディングによって生身の脳・身体からデジタル脳・身体になると、架空と現実の区別がなくなり、両者の融合が生じるのである。

メタバースは私たちに架空と現実の垣根を取り払うように迫る。しかし、このような取り払いがはたして私たちのウェルビーイングを高めるかどうかは、別問題である。マインドアップローディングを行えば、私たちは映画『マトリックス』で描かれたような世界で生きることになるだろうが、マトリックス（つまりメタバース）で生きることが人間の生にとって善いことかどうかは、よくよく考えてみる必要がある。もちろん、映画で前提されているように、最初から悪いことが明らかなわけではない。これは真剣に考えるべき難問である。

私たちがメタバースで生きるようになると、私たちの生き方は大きく変わり、それに応じて私たちの知のあり方も大きく変わるだろう。日本にいてマチュピチュ遺跡を経験したり、竜の天空の舞いを現実の事柄として経験したりできるように、いつでも、どこにいても、どんなことでも、自由に経験できる。身体の時間的・空間的な制約を離れて、メタバースの世界を自由自在に駆けめぐることができるのだ。このときの知のあり方は、いまの身体に制約された知のあり方とは想像もつかないほど大きく異なっていよう。

3　拡張する心

知的機械との一体化

ここまで、マインドリーディングとＶＲ／メタバースによって私たちの知がどう変わるかを見てきたが、最後にこの節では、知的機械によって脳・身体および心が拡張することで、私たちの知がどう変わるかを見ていこう。

私たちの脳・身体は皮膚によって外側の環境世界から区別され、そのような脳・身体のなかに私たちの心がある。したがって、脳・身体や心が皮膚の外側にまで広がることはありえない。私たちはふつうこのように考えているだろう。この見方ははたして正しいのだろうか。脳・身体や心が皮膚の外側にまで広がっていくことは、本当にありえないのだろうか。

たとえば、高齢になり、足腰が弱くなったため、杖《つえ》をついて歩くようになったとする。杖をついて歩くことに慣れてくると、杖の先に地面の様子が感じられるようになってくる。杖を握る手に杖が感じられ、それを通して地面の様子が推察されるのではなく、杖の先に直接地面の様子が感じられるのだ。それは手で地面に触ったときに、地面の様子が手に感じられるのと似たような感覚である。

このような感覚をもつようになると、杖は自分の手と同じように、自分の身体の一部になったのだと言ってよいのではないだろうか。私の身体は杖と一体化して、皮膚の外にまで広がったのである。

つぎに、心の拡張を見るために、筆算をする場面を考えてみよう。紙と鉛筆を使って325×47の掛け算をするとしよう。私たちはまず、ひとケタの数字どうしの掛け算を行って、その結果を紙のうえに鉛筆で書く。それが終わると、つぎにひとケタどうしの足し算を行って、その結果を書くという作業を繰り返す。このようにして筆算を行うとき、325×47の掛け算はいったいどこで行われているのだろうか。それは当然、頭のなか（つまり脳）で行われていると思われるかもしれないが、本当にそうであろうか。

たしかに、ひとケタの数字どうしの掛け算や足し算は、脳で行われている。しかし、それ以外の計算も脳で行われているのだろうか。暗算を行うときは、すべての計算が脳で行われ、その最終結果がただ紙のうえに書き出されるだけだと考えてよいだろう。それにたいして、筆算を行う場合は、そうではない。そのような暗算ができないからこそ、筆算を行っているのである。そうだとすれば、筆算では、計算は主として紙のうえで行われ、脳ではひとケタの数字の掛け算と足し算が行われるだけだと考えるべきではないだろうか。紙のうえに鉛筆で数字を書き並べていくことが、ここでの計算の主たる部分なのである。

紙と鉛筆で計算が行われているとすると、計算は心の活動であるから、心は紙と鉛筆にまで広がっていると言って差しつかえない。心は皮膚で囲まれた脳・身体を超えて、紙と鉛筆にまで広がっているのである。皮膚で囲まれた脳・身体に紙・鉛筆を加えた全体によって、心が実現されるのだと言えよう。

紙と鉛筆を用いて筆算が行えるようになると、杖が身体と一体化して身体の一部となるように、紙と鉛筆は脳・身体と一体化してその一部となる。そして紙と鉛筆は計算という心の働きを担うので、それらは拡張した脳・身体によって実現される拡張した心の一部となる。まず脳・身体が皮膚の外にまで広がり、その皮膚の外のものが心の働きを担うことによって、心は皮膚の外にまで広がるのである。

身体の外部にあるものが心の働きを担うことはたくさんある。電卓は、私たちが数を入力しさえすれば、あとの計算をすべてやってくれる。コンピュータは、文書の作成、表計算、メールのやりとりなどの知的活動の重要な部分を担ってくれる。さきほどまでの話に従えば、私たちはこのような知的機械と一体化していることになる。知的機械が私たちの脳・身体の一部になり、私たちの心が知的機械にまで広がる。それゆえ、知的機械が行う知的活動は、私たちの心が行う知的活動の一部となる。

私たちの脳・身体と心は、道具や機械との一体化によって、皮膚を超えて外部にまで広がる。では、それはいったいどこまで広がるのだろうか。今日、私たちはじつに多様な道具や機械を使って生きている。私が電車で通勤していれば、電車も道具のひとつとなる。では、杖と同じように、電車も私の脳・身体の一部だということになるのだろうか。

そう言ってかまわないだろう。もちろん、まだまだ大きな抵抗を感じるであろうが、通勤の電車は私の足である。それは比喩的な意味ではなく、文字どおりそうなのだ。通勤の電車は私の足の延長であり、私の身体と一体化して、私の身体の一部となっているのである。

しかし、さらに考えを進めると、奇妙な感じがしてくる。すなわち、この電車で通勤しているのは私だけではない。だとすると、その電車で通勤しているすべての人たちにとって、電車はその人たちの身体の一部となるのだろうか。つまり、電車はその人たちの身体の共有部分で、その人たちの身体はそこで重なりあっているのだろうか。これはかなり奇妙なことであろう。なぜなら、身体は各人別々で、重なりあうことはないはずだからである。

たしかに身体はふつう重なりあうことがないが、結合双生児のように、身体を一部、共有する者もいる。身体の部分的な共有が可能であることを考えれば、電車を多くの人たちが共有する身体の一部と見ることも、それほど奇妙なことではないだろう。電車が足と同じような働きをするのなら、電車は身体の一部であり、同じ電車で通勤する人たちは電車を身体の一部として共有している。こう見ることも、けっして不可能ではないだろう。電車が事故で動かなくなれば、この人たちはみな、困る。まさに「共有の足」

が動かなくなったのである。

では、これと同様のことが、知的機械についても言えるのだろうか。複数の人が同じ知的機械を使っていれば、その知的機械は複数の人たちの心の共有部分となり、その人たちの心は知的機械のところで重なりあっていることになるのだろうか。今日では、世界中の人々がパソコンやスマホでインターネットにアクセスして、情報の収集や発信などを行っている。インターネットは世界共通の「知的インフラ」である。だとすると、インターネットは世界中の人々の心の共有部分であり、そこで世界中の人々の心が重なりあっていることになるのだろうか。これもまた、とてつもなく奇妙なことである。というのも、心もまた各人別々で、重なりあうことはないと思われるからである。

しかし、つぎのような例を考えてみると、必ずしもそうとは言えない。子供を事故で亡くした両親がその悲しみを分かちあうことがある。このとき、両親は同じ悲しみを抱いているのではなく、あくまでも別々の悲しみを抱いているのだろうか。現実のケースをよく考えてみると、両親は別々の悲しみではなく、同じひとつの悲しみを共有しているのだと見たほうが実情にそくしているように思われる。つまり、悲しみを共有の部分として、両親の心はそこで重なっていると言えるのである。

このように心の部分的な共有が可能だということを考えれば、同じ知的機械を使用する人たちは、その知的機械を心の一部として共有しているのだと見ることも、それほど奇妙なことではなくなるだろう。インターネットは世界共有の知的インフラなので、世界中の人々はインターネットを心の一部として共有しており、そこで心が重なりあっている。このように見ることも、けっして不可能ではないだろう。身体と同じく、心もまた部分的な共有が可能なのである。

サイボーグ

機械の操作に慣れてくると、とくに意識しなくても自由に操作できるようになる。たとえば、義足に慣れると、義足が無意識的に動くようになる。無意識的な操作が可能になることは、機械と一体化し、それが自分の脳・身体および心の一部になったことの証《あかし》である。

このように無意識的に操作できる機械と脳・身体が結合したものを「サイボーグ」と

よぶ。「サイボーグ」と聞くと、人間が半分ロボットになったような途轍《とてつ》もなく奇妙なものを想像するかもしれないが、もっと身近なものでもサイボーグと言える。人間は「生まれながらのサイボーグ」だと言う人もいる。オギャーと泣いて生まれたときから、人間はすでに産着に包まれ、揺りかごで眠り、家のなかで生きる。産着、揺りかご、家は、赤ちゃんの脳・身体と一体となり、赤ちゃんはそれらと脳・身体が合体したものとして存在すると言えよう。つまり、赤ちゃんはそれらと脳・身体から構成されるサイボーグなのだ。

人間はまた、人類が誕生した当初からサイボーグであったとも言える。人類が誕生した太古の昔に、人間は衣服をまとい、住居を作り、石器のような道具を使用していた。人間は皮膚で囲まれた生身の身体だけで生きていくことはできず、衣服・住居・道具で身体を拡張して、厳しい環境を生きぬいた。人間は人類が誕生して以来、ずっとサイボーグだったのである。

そうとはいえ、ここ最近の人間のサイボーグ化には眼をみはるものがある。現代の私たちは、じつに多くの情報機器に囲まれ、その発展は今後もとどまることを知らない。

ＡＩがやがて人間の知能を超えるという「シンギュラリティ」を唱える人もいる。このようなすさまじい知的機械の発展に伴って、人間のサイボーグ化は以前とはケタ違いのレベルで進行している。今後、人間はいったいどうなるのだろうか。そのような不安が心をよぎるのも、無理からぬことである。

サイボーグ化によって人間の新たなあり方を模索する人たちのなかには、「トランスヒューマン」（人間を超えた存在、すなわち超人）になることを目指すという極端な人たちもいる。トランスヒューマンにはさまざまな形態がありうるが、人間よりすぐれた知能をもつＡＩと合体し、人間を超えたサイボーグになるというのは、そのひとつの形態である。このほかにも、ゲノム編集で遺伝子を改変して、人間よりすぐれた生物種になることや、さきに述べた、マインドアップローディングによってデジタル自己になることもそうである。トランスヒューマンを目指す人たちは、人間という生物種にとどまることをよしとせず、新たな種になることを切望するのである。

ここでは、サイボーグに焦点を合わせるために、ＡＩとの結合体であるトランスヒューマンに注目しよう。このトランスヒューマンを目指す人たちは、いったいなぜＡＩと合体して人間を超えようとするのだろうか。人間でなくなることは恐ろしいことであり、おぞましいとさえ言えるだろうが、それにもかかわらず、なぜＡＩと合体して人間を超えた存在になろうとするのだろうか。

そのひとつの理由は、人間のままでいると、いずれＡＩに支配されてしまうことになるというものである。人間がＡＩをあくまでも人間の命令に従うものとして設計しようとしても、ＡＩがすぐれた知能をもつようになると、ＡＩは自分で自分の目標を設定し、必ずしも人間の命令には従わなくなる。子供が成長してやがて親から自立するように、ＡＩも進化してやがて人間から自立する。そのとき、人間を上回る知能をもったＡＩは、自分より劣った人間をその支配下に置くだろう。人間はＡＩにとって、「人間にとってのゴリラ」と同じような劣った存在になってしまうのである。

この「ゴリラ化問題」は、ピエール・ブールのＳＦ小説『猿の惑星』を参考にすると、イメージしやすくなるかもしれない。この小説では、サルが人間より知能が高く、人間がサルより劣った動物としてサルに扱われる惑星の様子が描かれている。この惑星のサルをＡＩに置き換えたものが、「ゴリラ化問題」が指摘する状況にほかならない。

この「ゴリラ化問題」に対処するために、ある人たちはＡＩと合体してトランスヒューマンになろうとする。ＡＩと合体すれば、ＡＩより知能が劣ることはない。ひょっとしたら生身の脳・身体を残している分だけ、ＡＩよりすぐれた知能をもつことになるかもしれない。いずれにせよ、ＡＩより知能が劣ることはないから、ＡＩと合体したトランスヒューマンはＡＩの支配下に置かれることはないだろう。

では、このようなＡＩと合体したトランスヒューマンになることは、はたして私たちにとって「ウェルビーイング（人生の善いあり方）」なのだろうか。多くの人たちはそうは思わないだろう。やはり人間であり続けたいと思うだろう。

トランスヒューマンにならず、ゴリラ化もしないようにするためには、どうすればよいだろうか。ひとつの選択肢は、ＡＩをあまり進化させないようにすることであろう。ＡＩが人間よりすぐれた知能をもたないように、ＡＩの開発を慎重かつ控え目に行う。これはまだ私たちにとって可能なことである。ＡＩがもっと進化してしまえば、ＡＩが人間よりすぐれた知能をもつことは、もはや私たち人間には止めようがなくなるだろう。しかし、いまなら、まだ間に合う。いまこそ、ブレーキをかけるときかもしれない。

科学技術一般がそうであるように、ＡＩなどの知的機械の開発にも正と負の両面が付きまとう。知的機械を発展させて、まだ見ぬ世界を体験したいという欲望は、押し殺そうとしてもしきれるものではない。むしろ私たちが活気ある生を営むうえで不可欠であろう。好奇心がなければ、人生は退屈だ。しかし、好奇心に任せて新規なものを追い求めるだけでは、思わぬ災禍に見舞われる。とくに科学技術は途方もない災禍をもたらす巨大な力を秘めている。

人間は生まれながらのサイボーグだとはいえ、どこまでサイボーグ化するのがよいかは、つねに真剣に考慮していく必要がある問題だ。さきに見てきたマインドリーディングやＶＲ／メタバースなどについても、同様である。科学技術に正と負の両面がある以上、どこまで開発するかは、つねに問いかけていかなければならない。

私たちは好奇心という厄介な情動をうまく飼い馴《な》らして、科学技術の恩恵と害のバランスを巧みに取っていく必要がある。これが私たちの知にとって何よりも重要なことなのである。

本章のまとめ

脳活動から心を読み取るマインドリーディングが可能になれば、自分や他者の心をいままよりはるかに容易に知ることができ、コミュニケーションが円滑に進む。他方で、自分の心がわかりすぎて煩わしかったり、「心のプライバシー」が侵されたりするという問題が起こる。ヴァーチャルリアリティやメタバースが発展・普及すると、架空と現実の区別が曖昧になり、両者の融合が進む。私たちはメタバースで生活をし、さらに心をコンピュータに移す「マインドアッププローディング」を行うかもしれない。しかし、それが善いことかどうかは別問題である。知的機械と一体化すると、脳・身体および心は皮膚の外にまで拡張する。人間は生まれながらのサイボーグであり、AIと合体してトランスヒューマンになろうとする人もいる。どこまでサイボーグ化するのが善いかはつねに考え続けるべき問題である。

あとがき

現代における人間の活動はじつにすさまじく、地球の環境すら変えつつある。そのため、現代は「人新世」という新たな地質学的年代に入ったとも言われる。

こうした人間の活発な活動を生み出しているのは、科学技術の急速な発展であろう。科学技術は多大な恩恵をもたらす一方で、取り返しのつかない巨大な悪をもたらす恐れもある。そのため、昨今では、科学技術の「ＥＬＳＩ（倫理的・法的・社会的な諸問題）」を考察する必要性が声高に叫ばれている。

たしかに科学技術のＥＬＳＩを考察することは重要である。しかし、それとともに、人文科学や社会科学のＥＬＳＩを考察することも重要であろう。人文科学と社会科学は私たちに新たな人間観や社会像を提示することによって、私たちの生き方や社会のあり方に大きな影響を及ぼす。したがって、それらが私たちにどんな恩恵と害をもたらす可能性があるかを考えることも、きわめて重要なのである。

人間の知能は一般に、善用もできれば、悪用もできる。とくに同じ科学技術が善用だけでなく、悪用もされる可能性があるという問題は「デュアルユース」問題とよばれる。本書は、人間の知能がどのようなものであるかを知能全般にわたって見てきたが、それが知能の善用と悪用の問題を考察する一助になればと願う。

最後になったが、本書の編集を担当していただいた橋本陽介氏に深くお礼を申し上げる。橋本氏は本書の草稿を丹念に読み、多くのコメントを寄せてくれた。そのおかげで、草稿の改善をおおいに進めることができた。本書が多くの若い読者を得て、人間の知能をめぐるさまざまな問題への関心をいささかなりとも高めることができれば、まことに幸いである。

二〇二二年八月　　信原幸弘

chikuma primer shinsho

ちくまプリマー新書 417
「覚《おぼ》える」と「わかる」 知《ち》の仕組《しく》みとその可能性《かのうせい》

二〇二二年十二月 十 日 初版第一刷発行
二〇二四年 五 月二十五日 初版第三刷発行

著者 信原幸弘（のぶはら・ゆきひろ）
装幀 クラフト・エヴィング商會
発行者 喜入冬子
発行所 株式会社筑摩書房
東京都台東区蔵前二‐五‐三 〒一一一‐八七五五
電話番号 〇三‐五六八七‐二六〇一（代表）
印刷・製本 株式会社精興社

ISBN978-4-480-68441-7 C0295 Printed in Japan